Monsieur Phi

sur youtube.com/MonsieurPhi

Le livre de la chaîne N°1 de philo

Term générale

RÉUSSIR le BAC DE PHILO

Thibaut GIRAUD

hachette
ÉDUCATION

SOMMAIRE

ISBN : 978-2-01-711941-8

Textnachweis Audio-CD

Titel 1: Karl Mühlstein; A language course in Dublin: Durchstarten in Englisch, Hörverständnis + Grammatik-Training 8. Veritas Verlag Linz 2000

Titel 2: Karl Mühlstein; Teenage Problems: Durchstarten in Englisch, Hörverständnis + Grammatik-Training 8. Veritas Verlag Linz 2000

Titel 3: Karl Mühlstein; Job application: Durchstarten in Englisch, Hörverständnis + Grammatik-Training 8. Veritas Verlag Linz 2000

Titel 4: Super heroes: The science that makes Superman so, well, super 20060625_wesun_07 http://www.npr.org/templates/story/story.php?storyId=5509958, 10.6.2010

Titel 5: Karl Mühlstein; Your body: Durchstarten in Englisch, Hörverständnis + Grammatik-Training 8. Veritas Verlag Linz 2000

Titel 6: Save our world: Portland, Oregon, rides the bike 20080723_atc_14 http://www.npr.org/templates/story/story.php?storyId=92836910; 12.6.2010

Titel 7: Outer space: Dozens claim they spotted UFO in Texas 20080116_day_08 http://www.npr.org/templates/transcript/transcript.php?storyId=18146244; 13.6.2010

Titel 8: Karl Mühlstein; The story of the eagle: Durchstarten in Englisch, Hörverständnis + Grammatik-Training 8. Veritas Verlag Linz 2000

Titel 9: A cop and her dog: A cop and her dog 20100320_wesat_03 http://www.npr.org/templates/transcript/transcript.php?storyId=124955185; 14.6.2010

Titel 10: A witch statue in Salem?: Salem residents oppose planned Bewitched' statue 20050505_atc_17 http://www.npr.org/templates/story/story.php?storyId=4632488; 15.6.2010

Titel 11: Karl Mühlstein; Healthy nutrition: Durchstarten in Englisch, Hörverständnis + Grammatik-Training 8. Veritas Verlag Linz 2000

Titel 12: Karl Mühlstein; Australia: Durchstarten in Englisch, Hörverständnis + Grammatik-Training 8. Veritas Verlag Linz 2000

Titel 13: Collecting more than an obsession for New Yorker: Collecting more than an obsession for New Yorker 20080125_me_13 http://www.npr.org/templates/transcript/transcript.php?storyId=18399495; 16.6.2010

Titel 14: Karl Mühlstein; Reading: Durchstarten in Englisch, Hörverständnis + Grammatik-Training 8. Veritas Verlag Linz 2000

Titel 15: Festival fun: Festival fun on the cheap for young and old 20090811_atc_09 http://www.npr.org/templates/transcript/transcript.php?storyId=111773138; 17.6.2010

Titel 16: The history of New York's taxicabs: The history of New York taxicabs 20070708_wesun_06 http://www.npr.org/templates/transcript/transcript.php?storyId=11804573; 18.6.2010

Titel 17: Karl Mühlstein; Your personal well-being: Durchstarten in Englisch, Hörverständnis + Grammatik-Training 8. Veritas Verlag Linz 2000

Titel 18: Karl Mühlstein; Visiting Australia: Durchstarten in Englisch, Hörverständnis + Grammatik-Training 8. Veritas Verlag Linz 2000

Titel 19: Karl Mühlstein; My favourite food: Durchstarten in Englisch, Hörverständnis + Grammatik-Training 8. Veritas Verlag Linz 2000

Titel 20: Karl Mühlstein; Total eclipse: Durchstarten in Englisch, Hörverständnis + Grammatik-Training 8. Veritas Verlag Linz 2000

Titel 21: Karl Mühlstein; Being a Leo: Durchstarten in Englisch, Hörverständnis + Grammatik-Training 8. Veritas Verlag Linz 2000

Titel 22: Karl Mühlstein; Australian Aborigines: Durchstarten in Englisch, Hörverständnis + Grammatik-Training 8. Veritas Verlag Linz 2000

Titel 23: Karl Mühlstein; My favourite book: Durchstarten in Englisch, Hörverständnis + Grammatik-Training 8. Veritas Verlag Linz 2000

Titel 24: Karl Mühlstein; The future of our planet: Durchstarten in Englisch, Hörverständnis + Grammatik-Training 8. Veritas Verlag Linz 2000

Titelverzeichnis der CD

Titelnummer auf der CD	Zeit	Thema	Buchseite
Titel 1	1:51	A language course in Dublin	6
Titel 2	2:47	Teenage Problems	10
Titel 3	2:24	Job application	14
Titel 4	5:15	The science that makes Superman so, well, super	18
Titel 5	3:36	Your body	22
Titel 6	4:23	Portland, Oregon, rides the bike	26
Titel 7	3:40	A UFO in Texas?	30
Titel 8	3:26	The story of the eagle	34
Titel 9	2:46	A cop and her dog	40
Titel 10	4:26	A witch statue in Salem?	44
Titel 11	1:48	Healthy nutrition	48
Titel 12	2:09	Australia	52
Titel 13	2:39	Collecting more than an obsession for New Yorker	56
Titel 14	2:03	Reading habits	60
Titel 15	4:36	Festival fun	64
Titel 16	7:16	The history of New York's taxicabs	68
Titel 17	1:27	Your personal well-being	74
Titel 18	2:19	Visiting Australia	75
Titel 19	2:38	My favourite food	76
Titel 20	2:11	Total eclipse	77
Titel 21	1:41	Being a Leo	78
Titel 22	1:09	Australian Aborigines	79
Titel 23	0:59	My favourite book	80
Titel 24	2:00	The future of our planet	81

RAPPEL

Épreuve obligatoire écrite de philosophie

Durée : 4 heures

Structure : 3 sujets sont proposés au choix du candidat (2 sujets de dissertation ; 1 sujet d'explication de texte)

Notation : sur 20 points

Coefficient : 8

Conception graphique : Manon Guérin
Mise en pages : Mediamax
Illustrations : Anne-Gaëlle Poirier
Édition : Justine Massel

AVANT-PROPOS

Le programme de philosophie : un peu de tout, rien de précis

L'essentiel du programme de philosophie de Terminale tient dans une liste de *notions* ordonnées alphabétiquement :

L'art
Le bonheur
La conscience
Le devoir
L'État
L'inconscient
La justice
Le langage
La liberté
La nature
La raison
La religion
La science
La technique
Le temps
Le travail
La vérité

Ainsi que trois *perspectives* :

L'existence humaine et la culture
La morale et la politique
La connaissance

Et c'est tout.

Les instructions officielles ne détaillent rien de plus quant aux contenus à étudier. Pour cadrer tout ce qu'ils enseigneront pendant l'année, les professeurs de philosophie n'ont que ces deux listes de mots vagues.

En conséquence, pourvu que cela touche à l'une ou l'autre des notions ou perspectives (et celles-ci sont si vastes que cela n'exclut presque rien), un professeur de philosophie peut enseigner à peu près ce qu'il veut.

Comment l'épreuve du bac est-elle évaluée ?

La différence dans les contenus de cours d'un professeur à l'autre pourra ainsi être telle que presque aucun point de leurs cours ne sera commun, ce qui pose d'énormes difficultés pour l'évaluation au baccalauréat : comment noter le travail d'un élève qui construit sa dissertation ou son explication de texte en s'appuyant sur un cours dont le correcteur ignore entièrement le contenu ?

Il y a tant de notions et tant de façons d'aborder une même notion qu'il est impossible pour un professeur de garantir à ses élèves que le contenu de son cours sera bien pertinent par rapport aux sujets qui tomberont à l'épreuve finale du baccalauréat. Le hasard joue ici un rôle indéniable, selon que les sujets qui tombent seront proches ou éloignés du cours.

Travaillez la méthode avant tout

La méthodologie est un des rares points sur lesquels on peut évaluer un élève même sans connaître le contenu des cours qu'il a suivis pendant l'année : un élève qui fait l'effort de suivre une méthode sera facile à distinguer d'un élève qui se contente de jeter ses idées les unes à la suite des autres dans l'ordre où elles se présentent.

Les professeurs de philosophie auront ainsi tendance à s'accorder sur ce qu'il faut valoriser dans une copie du point de vue méthodologique et à donner une importance particulière à cet aspect.

En somme, s'il y a une chose à travailler avant tout pour préparer l'épreuve du bac de philosophie, c'est bien la méthode.

Pour le reste, concentrez-vous sur ce qui vous plaît

Il vous faudra bien sûr aussi maîtriser un minimum de contenus relatifs aux différentes notions du programme ; mais puisqu'il n'y a pas de passage obligé, profitez-en : vous pouvez privilégier ce qui vous intéresse le plus.

Pour chaque notion, tâchez de travailler en profondeur quelques références qui vous plaisent et que vous maîtriserez avec précision : la partie *Réviser la philosophie sur YouTube* (voir p. 7) pourra vous y aider.

Et ne négligez surtout pas la culture scientifique : elle est très utile à la réflexion philosophique.

RÉVISER LA PHILO SUR YOUTUBE

Réviser la philosophie sur YouTube

Contrairement à l'idée que s'en font peut-être vos professeurs, **les vidéos YouTube peuvent être d'excellentes ressources quand elles sont bien utilisées !** Mais si vous voulez que ces ressources vous soient réellement profitables, vous devez en faire un visionnage actif : **prenez des notes, synthétisez, assurez-vous d'avoir bien compris le propos et d'être capable de le réexpliquer.**

Il y a plus d'une centaine de vidéos de vulgarisation philosophique sur ma chaîne YouTube *Monsieur Phi* :

https://www.youtube.com/c/MonsieurPhi

Bien d'autres chaînes encore proposent des contenus qui peuvent servir aux élèves de Terminale soucieux de travailler telle ou telle notion du programme de philosophie.

Pour vous y retrouver dans tout ce que YouTube propose, je vous suggère de commencer par ma vidéo intitulée **« BAC PHILO – Comment réviser la philosophie sur YouTube ? »** https://youtu.be/YVLDNh-XDhg : cet épisode dresse justement une liste de ressources intéressantes accessibles sur YouTube permettant de travailler les différentes notions du programme.

Cette vidéo a été réalisée avant l'entrée en vigueur du nouveau bac, voilà pourquoi je fais référence aux anciennes filières (L, ES, S). Néanmoins, cela n'enlève en rien l'intérêt de son visionnage, car la plupart des notions se retrouvent dans le nouveau programme de philosophie.

En voici également une liste complétée et **actualisée par rapport au nouveau programme.**

1 Philosophie morale

A Pour travailler : la morale, le devoir

Monsieur Phi

Ces notions sont particulièrement importantes dans la mesure où beaucoup de sujets de dissertation peuvent être traités sous un angle moral. Ma **playlist « Philosophie morale »** vous donnera déjà beaucoup de matière, notamment les vidéos suivantes :

- « À chacun sa morale ? | Relativisme *vs* réalisme » **Grain de philo #12** https://youtu.be/7KmAKVaO-Xc
- « Tu dois ! La loi morale selon Kant » **Grain de philo #31** https://youtu.be/Hj7JDMlJjJE
- « 7 expériences de pensée morales (ft. Science4All) | Serez-vous utilitariste jusqu'au bout ? » **Argument frappant #6 (Ep. 1)** https://youtu.be/AZBDMN5wZ-8
- « Conséquentialisme – Quel est le but de la morale ? » **Grain de Philo #16** https://youtu.be/3hCffvguLTQ
- « Nietzsche – La morale des winners ! – Généalogie de la morale (1/2) » **Grain de Philo #11** https://youtu.be/4kRY6vp99iY
- « Nietzsche et les méchants ! – Généalogie de la morale (2/2) » **Grain de Philo #11** https://youtu.be/XAaPkiiUTeI
- « Le gros livre de Wittgenstein » **Dixit #1** https://youtu.be/abjiHI8qYok

Autres vidéos

Une excellente série de vidéos d'*Homo Fabulus* sur la morale étudiée d'un point de vue biologique et psychologique :

- **Playlist « Morale »** https://www.youtube.com/playlist?list=PL8mPrvnM78yJ78OqgF4xtvJyOvJTeWjiz

B Pour travailler : le bonheur

Monsieur Phi

Voici une expérience de pensée particulièrement utile pour traiter beaucoup de sujets :

- « La machine à expériences de Robert Nozick » **Argument frappant #7** https://youtu.be/2FVwXaNWPQ0

Vous pouvez ensuite regarder cette vidéo qui développe une *punchline* savoureuse de John Stuart Mill :

- « "Il vaut mieux être Socrate insatisfait qu'un imbécile satisfait" John Stuart Mill » **Dixit #2** https://youtu.be/NpUcdhbcmul

Autres vidéos

En dehors de ma chaîne, vous pouvez vous pencher sur l'économie du bonheur avec ces deux vidéos de *Stupid Economics* :

- « L'argent fait-il le bonheur ? » https://youtu.be/cWwYfxlmNKg
- « Luxe : le plaisir de payer plus » https://youtu.be/h21mKqa0CR8

2 PHILOSOPHIE DE L'ESPRIT ET MÉTAPHYSIQUE

A Pour travailler : la conscience, l'inconscient

Monsieur Phi

Sur ces deux notions, ma **playlist « Philosophie de l'esprit »** rassemble des ressources utiles, notamment une série sur l'incontournable Descartes dont les deux premiers épisodes exposent l'essentiel de ce qu'il faut connaître sur lui :

- sur le doute méthodique « Descartes te met un gros doute – Esprit et matière 1/5 » **Grain de philo #2** https://youtu.be/ixbZNpgHjig
- sur le *Cogito* « La chose qui pense – Esprit et matière 2/5 » **Grain de philo #2** https://youtu.be/LgoVqA0LphY

Sur l'inconscient :

- « Les images subliminales » **Grain de philo #15 (Ep. 1)** https://youtu.be/alGQ-g2-FxM
- « Prosopagnosie et délire des sosies » **Grain de philo #15 (Ep. 2)** https://youtu.be/ar2bHjkL6XM

Autres vidéos

Pour un aperçu plus complet et actuel sur le problème de la conscience, je recommande cette vidéo de *ScienceEtonnante* à laquelle j'ai collaboré :

- « La conscience (avec Monsieur Phi) » **Science étonnante #48** https://youtu.be/r-RHHrrdbfM

B Pour travailler : le temps

Monsieur Phi

Sur ma chaîne, vous pourrez trouver ces deux vidéos sur l'identité personnelle à travers le temps, notamment chez Locke, et les nombreux problèmes que cela pose :

- « Identité personnelle (1/2) – Téléportation, trous de mémoire & responsabilité » **Grain de philo #7** https://youtu.be/EZmvdkNjev8
- « Identité personnelle (2/2) – Montez-vous dans le téléporteur ? » **Grain de philo #7** https://youtu.be/HPWQufM2sAg

Pour aller encore un peu plus loin dans le vertige métaphysique :

- « Je n'existe pas » **Grain de philo #17** https://youtu.be/XeZDt43Pij8
- « La mort » **Grain de philo #18** https://youtu.be/Z1UwoMw9jZY

Autres vidéos

Pour un autre grand vertige face à l'immensité temporelle de l'univers et notre insignifiance humaine, rien ne vaut cette magnifique vidéo de *Balade Mentale* qui résume 13,8 milliards d'années dans le calendrier d'une seule :

- « Le calendrier cosmique » https://youtu.be/_p1YSNa1Tdw

Ou méditez sur l'inéluctable « Cela aussi passera » avec cette contemplative vidéo de *DirtyBiology* :

- « Comment cette capitale s'est évaporée » **DBY #51** https://youtu.be/nEx2lQyfSlc

C Pour travailler : la liberté

Monsieur Phi

Pour une présentation des arguments et références les plus classiques du débat sur le déterminisme :

- « La liberté est-elle un superpouvoir ? » **Grain de philo #6** https://youtu.be/u3lapME67VI

Pour une réflexion plus originale sur la notion de liberté et son rapport à celle de règles, vous pouvez regarder aussi :

- « La liberté en jeu » **PopPhi #2** https://youtu.be/IDL587pZnNk

Autres vidéos

Une vidéo de *ScienceEtonnante* sur les expériences de Libet :

- « Le libre arbitre existe-t-il ? » **Science étonnante #6** https://youtu.be/6WQ9sqlHBCA

Notez bien que ces vidéos discutent de la liberté au sens de liberté de la volonté (ou liberté métaphysique). Sur la liberté au sens politique, *cf.* ci-après.

3 Philosophie politique

A Pour travailler : la politique, l'État, la liberté

Autres vidéos

La **playlist « Utile pour le bac philo ! »** de la chaîne *Politikon* contient beaucoup de ressources sur des textes classiques, notamment :

- « Hobbes – Léviathan » **De Dicto #15** https://youtu.be/I4j2LwCPq2g
- « Rousseau – Du contrat social » **De Dicto #5** https://youtu.be/spdWp7ocFgE
- « Mill – De la liberté » **De Dicto #19** https://youtu.be/5Riu6WqSlws
- « Tocqueville – De la démocratie en Amérique » **De Dicto #22** https://youtu.be/PDlyNoHnO7g

Ses capsules sur des distinctions importantes peuvent aussi être très utiles, notamment :

- « Trois sens du mot "politique" » **Capsule #1** https://youtu.be/V3lx-DWZhSc
- « République = démocratie ? » **Capsule #2** https://youtu.be/nNYO67E1Je0
- « La différence entre l'État et la nation » **Capsule #3** https://youtu.be/BvQs2jMlCMo

B Pour travailler : la justice

Autres vidéos

Sur la chaîne de *Maxime Lambrecht*, une série de vidéos présente différentes théories de la justice qui vous donneront de quoi réfléchir longuement à cette notion et à la philosophie politique en général :

- **Playlist « Les théories de la justice »** https://www.youtube.com/playlist?list=PLyh4DKd62N23ndUHcANlH5_6Zr3ZBCsj7

4 Philosophie des sciences et épistémologie

A Pour travailler : la connaissance, la raison, la vérité

Monsieur Phi

Ma **playlist « Philosophie des sciences »** ainsi que ma **playlist « Logique, épistémologie, langage »** développent longuement ces différentes notions. En particulier sur la notion de raison et de connaissance en général, les trois vidéos de cette série vous donneront matière à réfléchir :

- « Comment démontrer n'importe quoi » **Grain de philo #14 (Ep.1)** https://youtu.be/2DOYvDWZWwo
- « Le scepticisme – Le trilemme d'Agrippa » **Grain de philo #14 (Ep.2)** https://youtu.be/Gqu6Di353ok
- « Le fondationnalisme – Quelle base pour l'édifice des connaissances ? » **Grain de philo #14 (Ep.3)** https://youtu.be/J5dTXVbS3Vg

Une vidéo sur l'épistémologie de Hume :

- « Une affirmation extraordinaire requiert plus qu'une preuve extraordinaire | Hume » **Dixit #3** https://youtu.be/8RwnrNSqa_A

Sur la notion de vérité, la vidéo suivante présente les aspects essentiels :

- « La vérité nue » **Grain de philo #21** https://youtu.be/aUdshz5gD2s

B Pour travailler : la science

Monsieur Phi

Sur le rapport des sciences à la philosophie, vous pouvez regarder mon commentaire de la sentence de Stephen Hawking « Philosophy is dead » :

- « La philosophie est morte | Science *vs* Philosophie » https://youtu.be/2qLstbRHzmk

Les trois vidéos suivantes présentent quelques idées essentielles sur le rapport des sciences à la réalité et leur prétention à la vérité :

- « La théorie peut-elle réfuter l'expérience ? » **Grain de philo #22** https://youtu.be/SXLHijQeYok
- « Merci Captain Ad Hoc ! » **Grain de philo #23** https://youtu.be/meNQnNqHjes
- « Réalisme scientifique : la montre d'Einstein » **Grain de philo #24** https://youtu.be/5dS1D_X5xRg

5 Culture et société

A Pour travailler : la culture, la nature, le travail, la technique

Monsieur Phi

Sur Adam Smith, l'exemple de la veste de laine et son analyse de la division du travail peuvent très facilement être convoqués pour de nombreux sujets tournant autour du travail, de la technique, et pour illustrer la complexité de nos sociétés :

- « Adam Smith (1/2) – Le paradoxe de la veste de laine » **Grain de philo #5** https://youtu.be/azNw7Vx1R8o
- « Adam Smith (2/2) – Division du travail & main invisible » **Grain de philo #5** https://youtu.be/ZYlu7xxQogA

Autres vidéos

Sur le mythe de Prométhée que vous avez peut-être vu en cours (pour traiter les notions de culture et de nature), cette vidéo de *Cyrus North* est sympathique :

- « Comment on a failli être nul (et nu) ? » **LCDP #21** https://youtu.be/r1p4JgE_a5I

Vous pouvez aussi diversifier vos sources d'inspiration en allant piocher dans ces excellentes vidéos du *Vortex* avec les chaînes *Passé Sauvage* et *DirtyBiology* :

- « La pire erreur de l'humanité » https://youtu.be/Mk4D6XvDz5w
- « L'addiction à l'agriculture » **Le Vortex #1** https://youtu.be/qXq4s1_EBwk
- « La forge des inégalités » **Le Vortex #5** https://youtu.be/6pbZn1d_4vo
- « Quand la culture a doublé l'ADN » **Le Vortex #8** https://youtu.be/fHsXWL5rwso
- « Ce symbole a 18 000 ans » **Le Vortex #9** https://youtu.be/KlvQZrIsYmE

Et toujours sur ces mêmes thèmes, ce superbe documentaire de *DirtyBiology* mérite vraiment le détour :

- « Les origines de la richesse » **DBY #23** https://youtu.be/zb98HSJVHWk

B Pour travailler : le langage

Monsieur Phi

Ces deux vidéos donnent quelques bases en philosophie du langage :

- « Pourquoi se disputer sur le sens des mots ? » **Grain de philo #25** https://youtu.be/ayyrtMdPyi4
- « Définir "définir" » **Grain de philo #26** https://youtu.be/U6EP2ecu2As

Une référence qui peut être facilement placée dans une dissertation : la Novlangue dans *1984* d'Orwell. Non seulement j'en ai fait une vidéo :

- « La novlangue dans 1984 de George Orwell » **Grain de philo #4** https://youtu.be/EvUZ5eToi10

Mais *Linguisticae* en a fait une bien meilleure encore :

- « La novlangue de 1984 (G. Orwell) » https://youtu.be/4uXXI7yaF1I

Autres vidéos

De façon générale, la chaîne *Linguisticae* fournit de très nombreuses ressources sur ce thème du langage, notamment :

- « Langage Langue Parole (selon de Saussure) » **Ma Langue dans Ta Poche #1** https://youtu.be/Y3EoAizjvtc
- « Les langues comme arme de guerre (Code-talker & Schibboleth) » **Ma Langue dans Ta Poche #11** https://youtu.be/d4nrI2plYGc

C Pour travailler : l'art

Autres vidéos

Vous pouvez vous pencher sur les vidéos de la **playlist « L'art en question »** (chaîne *Canal Éducatif à la Demande*) qui étudient des œuvres en faisant souvent des liens avec la philosophie, par exemple dans cette vidéo :

- « Holbein – Les Ambassadeurs » **L'Art en Question #6** https://youtu.be/eqBmn7kMYmU

Sur la perception de la beauté à travers l'histoire (et la biologie), la vidéo de *DirtyBiology* et *C'est une autre histoire* tournée au musée du Louvre :

- « Existe-t-il une beauté absolue ? » **DBY #39** https://youtu.be/puPFb3nuooo

Pour discuter du rapport de l'artiste à l'œuvre, vous pouvez vous pencher sur cette vidéo du *Mock* :

- « Que faire de l'œuvre d'un monstre ? » https://youtu.be/oVU8SR1gLZU

Enfin, cette vidéo de *Balade Mentale* sur les réalisations artistiques des intelligences artificielles pourrait vous donner quelques idées de références originales :

- « Rêves profonds, peintures et LSD » **Pris dans la toile d'Internet #5** https://youtu.be/NECyc7aQOao

LA PHILO SUR YOUTUBE

D Pour travailler : la religion

Monsieur Phi

Sur les liens entre religion et morale, vous pouvez regarder :

- « Si Dieu n'existe pas, tout est permis ? – Religion (1/2) » **Grain de philo #3** https://youtu.be/6U9WBN0Sck8
- « La religion nous empêche-t-elle d'être moraux ? – Religion (2/2) » **Grain de philo #3** https://youtu.be/Ffd55-hAaGE

Sur la question de l'existence de Dieu et l'argument leibnizien du meilleur des mondes, allez voir :

- « Notre monde est-il le meilleur des mondes possibles ? (Ft. Dieu) » **Grain de philo #27** https://youtu.be/zA9nXK1idql
- « Leibniz : meilleur avocat du meilleur des mondes » **Grain de philo #28** https://youtu.be/HrdluwChv64

Concernant la religion, il faut noter que, sur les 160 sujets de dissertation tombés lors des vingt dernières sessions du baccalauréat (en métropole), aucun n'abordait cette notion. (Je n'ai pas poussé les vérifications plus loin.) Cela ne garantit pas qu'il en ira toujours ainsi, mais il semble tout de même qu'une tendance se dessine et que les rédacteurs de sujets soient prudents sur ce terrain…

LA DISSERTATION

LA DISSERTATION

La dissertation est l'épreuve emblématique de la philosophie en Terminale : une simple question, quatre heures pour y répondre. Cela peut sembler effrayant, ou ridicule, ou les deux à la fois.

Vous pensez peut-être connaître déjà la méthodologie de la dissertation pour l'avoir apprise et pratiquée dans d'autres matières, comme le français et l'histoire-géographie ; or, si le nom de l'exercice est le même, ne vous y fiez pas, la méthode à suivre pour celle de philosophie est tout à fait différente.

Parce qu'elle est souvent mal comprise, la dissertation de philosophie est parfois l'objet de caricatures et d'exagérations.

Il ne manquera jamais d'élèves pour se plaindre d'avoir eu une mauvaise note pour la seule raison que le correcteur ne partageait pas leur avis ; d'autres pour vanter que telle ou telle recette stupide garantit d'avoir la moyenne ; ou d'autres encore pour qui il suffit d'y aller au talent ou au culot ! Voilà bien des raisons de penser qu'il ne sert à rien de travailler cette matière : le bac de philo est une loterie, comme chacun sait...

Cette caricature mêle beaucoup de faux à un peu de vrai. En effet, la notation en philosophie n'est pas une science exacte, mais **il y a quatre points sur lesquels il me paraît important d'insister d'entrée de jeu.**

1. **Le correcteur se fiche de votre opinion :** si vous la donnez sans le moindre argument, c'est l'absence d'argument qui lui déplaira ; et si vous argumentez un point qui coïncide avec votre opinion, c'est l'argumentation qui intéressera le correcteur.

2. **Aucune recette bête et méchante n'assure, sur quelque sujet de dissertation que ce soit, une note ne serait-ce que passable.** (Et si cela existait, nous serions plus que ravis de l'enseigner à tous nos élèves.)

3. **La créativité des élèves est bien davantage stimulée et valorisée quand ils maîtrisent la méthodologie** plutôt que lorsqu'ils l'ignorent : même si vous comptez y aller au talent, il est préférable de savoir à quoi l'employer.

4. **Une importante variabilité dans la notation au bac ne signifie pas que la note finale n'est que le fruit du hasard,** loin de là : certaines copies aux qualités indéniables auront les notes les plus hautes ; d'autres, aux faiblesses tout

aussi indéniables, auront les notes les plus basses ; ce sont surtout les copies intermédiaires, aux qualités inégalement réparties, qui nous posent des difficultés d'évaluation et dont la notation, pour cette raison, est le plus susceptible de varier.

En somme, **l'épreuve de philosophie ressemble davantage à un tournoi de poker qu'à une simple loterie : le hasard y a sa part, certes, mais la technique est indispensable** et vous maximiserez vos chances de l'emporter en vous entraînant à jouer.

Je donnerai çà et là quelques « recettes » pour traiter certains points méthodologiques, mais notez bien que le but de cet ouvrage n'est pas de vous donner l'illusion qu'il suffit de suivre de telles recettes pour vous sauver en toutes circonstances ; il s'agit plutôt de vous faire apprécier et comprendre toute la cuisine philosophique qui se cache derrière, et de vous rendre capable ensuite de composer vos propres plats.

Se contenter d'accommoder une poignée de citations à la sauce « thèse-antithèse-synthèse », cela n'a en soi aucun intérêt. La dissertation, bien pratiquée, est un exercice infiniment plus stimulant.

Quitte à consacrer quatre heures d'un matin de juin à cuisiner une question philosophique, autant apprendre à faire cela intelligemment !

1

L'ART DES RÉPONSES LONGUES ET INTELLIGENTES À DES QUESTIONS BRÈVES ET STUPIDES

LA DISSERTATION

1 Question courte, réponse courte ?

Un sujet de dissertation est une question courte qui admet généralement une réponse tout aussi courte.

EXEMPLE

Par exemple, au sujet « Peut-on refuser de travailler ? », un élève a cru bon de répondre seulement : « Oui, la preuve. » Cet élève a montré par l'exemple qu'il pouvait refuser de travailler. Que faut-il de plus ? N'est-il pas scandaleux que son refus de travailler ait été sanctionné d'un 1/20 alors qu'il apportait une réponse parfaitement correcte et justifiée à cette question de dissertation ?

De la même façon, si l'on prend le sujet « Peut-on penser sans langage ? », il n'y a guère lieu d'en discuter longuement : les neurosciences ont tranché, et la réponse est *oui*. En effet, la pensée est liée à l'activité cérébrale, et l'activité cérébrale ne cesserait pas chez des êtres humains qui n'auraient appris aucun langage. Encore une fois, ce sujet n'est pas seulement une question courte, c'est aussi une question stupide.

Comment se fait-il pourtant que l'on donne ces sujets en dissertation ?

Les profs de philo sont-ils aussi stupides que leurs sujets et ignorent-ils les réponses pourtant évidentes qu'appellent leurs sujets ?

2 Soyez moins stupide que le sujet

A Préciser le sens du sujet

Un sujet de dissertation est une question brève, posée en des termes ordinaires, plutôt généraux et vagues, et son sens reste donc largement indéterminé. Y répondre exige d'abord d'en préciser le sens.

EXEMPLE

Par exemple, pour le sujet « Peut-on penser sans langage ? », j'ai plus haut compris « langage » comme renvoyant aux langues particulières que nous parlons ou écrivons : c'est en ce sens qu'il pourrait y avoir des êtres humains qui n'ont pas de langage, n'ayant appris aucune langue.

Mais ce n'est pas le seul sens possible de ce mot. « Langage » en français peut renvoyer plutôt à la fonction ou capacité de s'exprimer, de communiquer au moyen de signes une idée, une pensée ; or, cette capacité semble bien commune à tout être humain, peu importe à quel point il la développe.

De là, on pourrait se poser la question : est-ce que tout être pensant doit posséder une capacité similaire ? La question semble déjà plus intéressante, et elle peut le devenir encore davantage si l'on précise le sens du mot « penser » qui, lui aussi, recèle de nombreuses nuances de sens qui donneront différentes interprétations de la question.

Sur des distinctions classiques de Saussure sur le langage, vous pouvez regarder la vidéo de ***Linguisticae*** **« Langage Langue Parole (selon de Saussure) » Ma Langue dans Ta Poche #1.**

https://youtu.be/Y3EoAizjvtc

En somme, la brièveté et le caractère très général de la question du sujet ont pour conséquence qu'**il n'existe pas une seule façon de la comprendre mais une multitude, et certaines seront plus intéressantes que d'autres.** Aussi l'élève qui explique au correcteur en quelques lignes en quoi la question posée a une réponse évidente aura surtout montré qu'il n'a compris ni l'exercice ni le sujet. En fin de compte, c'est lui qui a fait le choix discutable d'interpréter la question d'une façon qui la rende ainsi stupide et facile ; et se contenter de cela, ce n'est pas faire une dissertation. C'est juste faire son malin.

B Donner matière à réflexion

La première exigence d'une dissertation consiste à **comprendre le sujet d'une façon qui permette à la question de donner matière à réflexion,** et qui donnera l'occasion de construire une réponse longue et intelligente plutôt que brève et stupide.

Certains pourraient objecter : « Mais pourquoi ne nous donne-t-on pas directement la bonne interprétation ? Pourquoi nous donner systématiquement des sujets mal posés ? »

Ces sujets de dissertation ne sont pas plus mal posés qu'un sujet de mathématiques qui nous parle d'un x dont on est obligé de calculer la valeur au lieu qu'elle nous soit donnée directement (ce qui éviterait de malencontreuses erreurs de calcul) : cela fait partie du jeu des maths, voilà tout. Et de la même façon, **cela fait partie du jeu de la dissertation de commencer par interpréter la question et d'en préciser le sens de façon qu'elle devienne intéressante.**

LA DISSERTATION

3 Un peu de charité !

A S'ouvrir au dialogue

Vous pourriez trouver ce jeu de la dissertation assez vain, mais je crois qu'au contraire il exerce une qualité des plus utiles, car celui qui la possède à un haut degré sera un interlocuteur bien plus coopératif et agréable que celui qui en est totalement dépourvu.

EXEMPLE

Si je vous disais au détour d'une conversation : **« Je me demande si on peut penser sans langage... »**, et que vous me répondiez : « C'est idiot : des sourds-muets de naissance à qui on n'apprend pas la langue des signes ont bien un cerveau. Donc ils pensent. Point. », je n'aurais pas envie de discuter avec vous très longtemps. Vous n'avez rien dit de faux, mais ce n'est clairement pas une réponse à la question que j'avais en tête. Vous ne vous êtes pas comporté(e) en interlocuteur(trice) coopératif(ve).

B Nourrir la discussion

Notez que, de même, vous pourriez comprendre ma question de façon qu'elle soit absurde ou qu'y répondre soit totalement impossible, et ce serait tout aussi désagréable et peu coopératif.

EXEMPLE

Vous pourriez balayer ma question sur le langage d'un revers de la main en disant : « On ne peut jamais vraiment savoir si quelqu'un pense, de toute façon : on ne peut pas se mettre dans la tête des gens ! Question stupide. Point. »

Ces remarques ne sont pas erronées et répondent bien à une certaine interprétation de la question, mais encore une fois ce n'est clairement pas celle que j'avais en tête en la posant.

Dans une discussion réelle, interpréter ma question comme si elle avait une réponse totalement évidente ou comme si elle était parfaitement absurde, c'est ce que l'on pourrait appeler **un manque de charité interprétative :** cela revient à ne prêter aucune intelligence à son interlocuteur. Et c'est très désagréable.

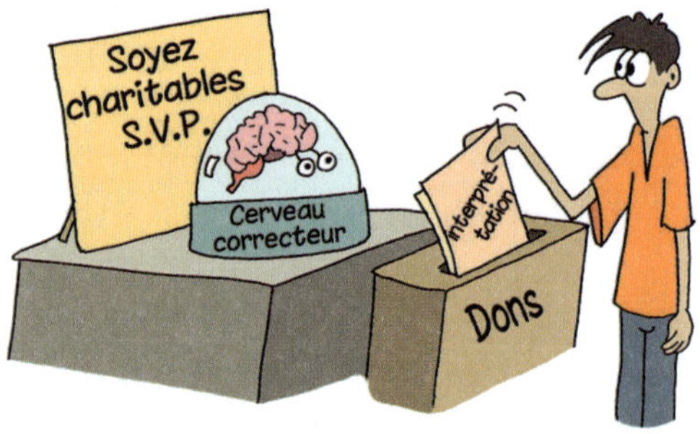

Ne commettez donc pas cet impair le jour du bac en interprétant le sujet d'une façon qui rende la question stupide. Soyez charitable : prêtez un cerveau à votre correcteur.

4 La crainte du hors sujet

A Mon interprétation est-elle la bonne ?

Une des raisons pour lesquelles certains élèves envisagent seulement la lecture la plus directe et littérale du sujet, quitte à ce qu'elle mène à une réponse évidente, c'est la crainte du hors sujet : en effet, dès lors qu'il faut interpréter la question, comment puis-je être sûr que mon interprétation sera la bonne ? L'interprétation la plus littérale n'est-elle pas celle qui garantit le mieux contre le hors sujet ? Eh bien, non.

C'est une erreur de croire qu'il n'y a qu'une seule bonne interprétation, la seule correcte, et qu'en dehors de celle-ci tout serait hors sujet.

Si mon interlocuteur interprète ma question d'une façon à laquelle je n'avais pas pensé mais que cela le conduit à des réflexions intéressantes à discuter, je n'aurai pas le sentiment qu'il n'est pas coopératif : **nous aurons eu une conversation enrichissante, et c'est finalement cela qui détermine le plus si une réponse est hors sujet ou non.**

L'interlocuteur qui comprend ma question de façon à pouvoir lui régler son compte en deux phrases me donne bien plus l'impression d'être « hors sujet », c'est-à-dire en dehors de la discussion que je souhaitais mener avec lui, même s'il peut se targuer d'avoir répondu directement à ma question.

B Les interprétations sont multiples

Nous allons voir qu'analyser le sujet, ce n'est pas trouver un unique sens correct, auquel on pourrait arriver mécaniquement en appliquant des définitions toutes faites vues en cours. Toute interprétation du sujet est légitime pourvu :

1. **qu'elle reste pertinente par rapport aux termes** (il n'est pas non plus permis de faire dire n'importe quoi au sujet) ;

2. **qu'elle amène à comprendre la question** de sorte que sa réponse ne soit ni totalement évidente ni totalement impossible.

Il faut comprendre la question de façon que l'on puisse lui proposer une réponse riche, intelligente et construite. Voilà tout.

Adopter cet état d'esprit est crucial, et cela rompt les habitudes acquises dans d'autres matières où il n'y a pas (ou beaucoup moins) ce travail qui consiste à préciser et à choisir dans une certaine mesure le sens du sujet. C'est là l'une des nombreuses spécificités de cette épreuve de philosophie. Il faut s'y faire et ne pas reculer devant cette première difficulté.

5 Exercez-vous à repérer les interprétations stupides

S'entraîner à repérer les interprétations d'un sujet qui aboutissent à une réponse évidente peut toutefois être utile pour deux raisons.

D'une part, cela vous aidera à éviter de construire votre dissertation autour de celles-ci : rien n'est plus ennuyeux qu'une copie dissertant autour d'une question dont la réponse est tout à fait évidente et où l'élève croit bien faire en diluant artificiellement sa réflexion jusqu'à ce qu'elle occupe l'espace respectable d'une ou deux copies doubles.

D'autre part, présenter rapidement dans votre copie des interprétations inintéressantes du sujet n'est pas forcément inintéressant tant que vous n'en restez pas là : cela peut être un point de départ qui vous amènera ensuite à dégager une interprétation plus riche.

La conclusion de Monsieur Phi

- Le sujet d'une dissertation est posé en termes vagues, généraux, indéterminés, et **son sens demande donc à être précisé.** Ce sera à vous de choisir comment : cela fait partie du jeu de la dissertation.
- Le but de ce jeu n'est pas de trouver une interprétation qui rende la question facile ; ce n'est pas non plus de rejeter la question comme impossible ou dénuée de sens ; mais c'est de **trouver des interprétations qui peuvent mener à une discussion riche et intéressante.**
- C'est un jeu auquel il est profitable de s'exercer au-delà même de la dissertation, car cela revient à **se comporter en interlocuteur bienveillant, coopératif et charitable.**
- **Identifier des interprétations stupides** du sujet peut être utile justement **pour les éviter** et pour aiguiller votre réflexion vers une meilleure interprétation.

S'entraîner pour le bac

Pour chacun des sujets suivants, donnez une ou plusieurs réponses évidentes que vous expliciterez en quelques lignes. Puis tâchez de préciser ce qui pose problème dans l'interprétation du sujet et d'en offrir une meilleure.

Sujet 1

Peut-on être insensible à l'art ? (Bac 2018)

Sujet 2

Y a-t-il des questions auxquelles aucune science ne répond ? (Bac 2009)

Sujet 3

Suffit-il d'observer pour connaître ? (Bac 2017)

Sujet 4

Peut-on être sûr d'avoir raison ? (Bac 2009)

Corrigés

Sujet 1

1re réponse évidente : « Bah oui : un aveugle ne sera pas sensible à la peinture, un sourd ne sera pas sensible à la musique... »

On pourrait faire observer de façon encore plus radicale qu'une pierre est parfaitement insensible à l'art. Cela attire l'attention sur le fait que **la question doit être posée par rapport à un type de spectateur** à la sensibilité duquel on peut effectivement présenter l'œuvre d'art.

2e réponse évidente : « Bah non. Il est impossible de ne rien ressentir, à quelque moment que ce soit. Donc, face à une œuvre d'art (comme face à n'importe quoi d'autre), chacun ressentira bien quelque chose, même si c'est de l'ennui ou de l'indifférence. »

Le problème ici vient de ce qu'on donne à la notion de sensibilité un sens trop large : la question ne doit pas être de savoir si l'on a des sensations face à une œuvre d'art (car il est évident que c'est le cas), mais de **savoir si l'on a forcément un certain type de sensation qui relève de l'appréciation esthétique.**

LA DISSERTATION

Sujet 2

Réponse évidente : « Bah oui. Y a-t-il aujourd'hui une science qui puisse répondre à la question de savoir si je vais avoir mon bac ? Ou à ce sujet de dissertation ? Non et non. Donc il y a des questions auxquelles aucune science aujourd'hui ne répond. »

Ici, le sujet est interprété comme si une réponse affirmative revenait à dire que les sciences, dans leur état actuel, avaient une réponse exacte à toutes les questions qu'on puisse se poser, même les plus évidentes et particulières. C'est une interprétation qui pousse évidemment à répondre par la négative. Mais l'idée sous-jacente du sujet semble être plutôt de **demander s'il y a des types de questions qui échappent totalement à la méthode scientifique.**

Sujet 3

Réponse évidente : « Bah non. Je peux regarder mille fois une pomme tomber, je ne vais pas trouver la loi de la chute des corps. »

Il semble très difficile de sortir d'une interprétation du sujet aboutissant ainsi à une réponse négative : il est clair que la connaissance (en particulier scientifique) ne se forme pas comme par magie en accumulant seulement des observations. Mais une telle remarque ne suffit pas pour donner une réponse intéressante à la question : il va falloir expliciter avec précision ce qui manque à la seule observation pour pouvoir constituer des connaissances. En somme, il faut comprendre le sujet de la façon suivante : **certes, il ne suffit pas d'observer pour connaître, mais que faut-il exactement de plus ?**

Sujet 4

Réponse évidente : « Bah oui. Je suis sûr(e) d'avoir raison que 2 + 2 = 4. Et d'ailleurs je suis sûr(e) d'avoir raison qu'on peut être sûr d'avoir raison. »

Le problème ici tient à ce que l'on a interprété le « Peut-on » au sens de la possibilité la plus stricte, et il n'y a certes rien d'impossible à être absolument convaincu de quelque chose. Mais, comme nous allons le voir dans un prochain chapitre, **cette expression « peut-on » peut être entendue de bien d'autres façons.** Je ne développe pas davantage ici car je vais revenir sur cet exemple particulier dans le corrigé de l'exercice du chapitre 3 (voir p. 50) qui porte précisément sur les sujets de forme « Faut-il… ? », « Doit-on… ? » et « Peut-on… ? ».

2

Définir et expliciter

1 Le point commun de tous les sujets de dissertation

Il y a toutes sortes de sujets de dissertation mais il y a un point sur lequel je peux vous garantir qu'ils se ressemblent tous : **ils consisteront toujours en mots du langage ordinaire.** Certains de ces mots renverront à des notions étudiées pendant l'année ; mais tous, en tant que simples mots du langage ordinaire, renverront aussi à votre compréhension intuitive de ce langage.

Même si vous n'avez pas suivi un seul cours de philosophie de toute l'année, il n'y aura probablement aucun mot qui vous sera inconnu dans les sujets de dissertation. (C'est plutôt une bonne nouvelle, non ?)

Expliciter le sens (et souvent les divers sens) des mots et expressions qui apparaissent dans l'énoncé du sujet sera très important afin d'en dégager une lecture intéressante. **Et la meilleure façon de mener ce travail d'explicitation, c'est de proposer une définition du terme ou de l'expression.**

Mais s'entendre sur une définition n'est pas une chose aisée, pour les raisons que nous allons examiner dans ce chapitre.

2 Les différents types de sujets

Certains sujets de dissertation ne demandent en fait rien d'autre que de définir très précisément un terme ou une expression du langage ordinaire. Ce sont les sujets de forme : **« Qu'est-ce que x ? »**.

EXEMPLE

Pour le sujet « Qu'est-ce que comprendre autrui ? » (Bac 2004), le cœur de votre dissertation consistera à proposer et justifier différentes définitions pour l'expression « comprendre autrui ».

D'autres sujets demandent d'examiner le rapport entre deux expressions. Ce sont les sujets de forme : « *x* est-il *y* ? » ou « *x* n'est-il que *y* ? ».

EXEMPLE

Prenons par exemple les sujets « Travailler moins, est-ce vivre mieux ? » (Bac 2016) ou « Le juste et l'injuste ne sont-ils que des conventions ? » (Bac 2005). Ces sujets exigent de fait d'examiner de près les sens des expressions *x* (« travailler moins » et « le juste et l'injuste ») et *y* (« vivre mieux » et les « conventions »).

Il y a encore bien d'autres formes de sujets et ils comporteront toujours des termes ou des expressions dont il faudra examiner le sens avec précision pour en dégager une réponse intéressante. Et pour ce faire, proposer des définitions (même imparfaites) est inévitable.

3 Aucune notion n'a de définition précise

La raison pour laquelle les sujets de dissertation peuvent recevoir différentes interprétations vient du fait que les expressions qui y apparaissent relèvent du langage ordinaire et que celui-ci recèle une large part de flou et d'ambiguïté.

À vrai dire, aucun terme du langage ordinaire (et donc aucun terme d'un sujet de dissertation) n'a de définition claire et précise.

Notez bien que même lorsqu'un des termes d'un sujet de dissertation renvoie à une notion étudiée pendant l'année et que cette notion a été soigneusement définie par votre professeur (ou votre manuel), **vous ne devriez pas tenir cette définition donnée en cours (ou par votre manuel) pour la définition officielle,** la seule admise, aussi parfaite que la définition du cercle en géométrie. Il n'y a tout simplement rien de tel pour aucune des notions au programme de philosophie.

Cela ne veut pas dire qu'il est inutile de connaître des définitions de notions, mais il est important de ne pas s'illusionner sur le statut de ces définitions : aucune n'est gravée dans le marbre.

4 Langage technique et langage ordinaire

A Le langage ordinaire des notions de philosophie

Quand votre professeur de mathématiques a défini un cercle comme un « ensemble de points du plan équidistants d'un même point appelé centre », il entendait bien par là que chaque occurrence du mot « cercle » pourrait à l'avenir être remplacé par cette expression plus longue. Dire « cercle » serait en quelque sorte une abréviation commode pour cette longue expression. **Cette conception de la définition est pertinente pour les termes techniques** (ou en tout cas les termes qui ont un usage technique précis dans le cadre d'une discipline).

Un terme technique est en quelque sorte un terme distinct des termes du langage ordinaire, terme que l'on ajoute à notre langage en lui assignant arbitrairement la définition que nous voulons. **Or, les notions au programme de philosophie** (par exemple la liberté, le bonheur, le travail, etc.) **ne sont pas des termes techniques :** ce sont des termes du langage ordinaire, des termes dont chacun a une compréhension intuitive, même si elle peut être assez confuse.

Un sujet de dissertation,
c'est une question posée en langage ordinaire.

Ne vous laissez donc pas impressionner par les grands mots qu'il contient : même sans aucun cours sur la liberté, vous avez des intuitions sur ce qu'il est correct ou non d'appeler « libre », et votre réflexion doit s'appuyer d'abord sur cet usage ordinaire.

B La liberté selon Spinoza n'est pas la liberté selon Locke

Bien des philosophes ont pu choisir de donner un sens précis à telle ou telle des notions du programme.

Spinoza a défini la liberté comme « le pouvoir de s'autodéterminer à agir ». Cette définition a un certain rapport avec l'usage ordinaire du terme « liberté », mais elle est loin de coïncider parfaitement avec celui-ci.

Pour Locke, la liberté est plutôt le « pouvoir de faire une action ou de ne pas la faire » ; cette définition est bien différente de celle de Spinoza. Elle aussi a un certain rapport avec l'usage ordinaire du terme mais ne coïncide, elle non plus, pas parfaitement.

Chaque fois qu'un philosophe donne ainsi une définition du terme « liberté » dans le cadre de sa théorie, on peut considérer qu'il transforme un terme du langage ordinaire en un terme technique de sa théorie. Ainsi, aucun ne donne LA définition de la liberté ; chacun donne sa définition et rien de plus.

Sur les diverses définitions de la liberté et le rapport au déterminisme, vous pouvez regarder ma vidéo **« La liberté est-elle un superpouvoir ? » Grain de philo #6.**

https://youtu.be/u3lapME67VI

Un sujet de dissertation doit toujours être compris d'abord comme une question formulée en langage ordinaire, et non comme une question portant sur la compréhension de cette notion chez tel ou tel auteur.

EXEMPLE

Si le terme de « liberté » apparaît dans un sujet, la question ne porte spécifiquement ni sur la liberté au sens spinoziste, ni sur la liberté au sens lockien, mais sur la liberté au sens ordinaire. Vous pourrez ensuite, à partir de ce sens ordinaire, introduire et justifier la conception spinoziste ou lockienne de la liberté si cela vous chante et surtout si cela vous permet de traiter le sujet d'une façon intéressante.

Connaître diverses définitions philosophiques d'une même notion vous permet plus facilement de dégager différentes interprétations d'un sujet.

5 Ne décortiquez pas trop

Un autre point important à garder en tête lorsque vous cherchez à définir les termes d'un sujet pour en expliciter le sens, c'est que le sens d'une formule composée de plusieurs mots n'est pas le simple produit des définitions de ces mots : **il vaut mieux souvent traiter certaines expressions complexes comme un tout.**

EXEMPLE

Pour le sujet **« Est-il possible d'échapper au temps ? »** (Bac 2019), examiner séparément ce que veut dire « échapper » et ce que veut dire « temps » ne sera pas forcément d'une grande aide pour déterminer comment comprendre l'expression « échapper au temps ». Le mot « échapper » a tant de sens différents en français que la plus grande partie de l'analyse que vous en donneriez n'aurait juste aucune pertinence pour son usage dans le contexte de l'expression « échapper au temps ».

S'il peut être intéressant de disséquer le sujet jusqu'au moindre mot, il faut donc prendre garde à ne pas pousser ce travail jusqu'à un degré de décortication qui finira par faire obstacle à la compréhension globale. Certains élèves ont ainsi une fâcheuse tendance à atomiser le sujet en examinant un à un ses mots, sans être capables ensuite de donner un sens à son énoncé complet.

En somme, s'il faut examiner le sujet de près, ne soyez pas myope non plus : **tenez-vous à bonne distance des mots.** Bien souvent, cette bonne distance exige de considérer le sens des expressions complexes (formées de plusieurs mots) plutôt que des termes isolés les uns des autres.

6 Au départ de la définition, l'usage ordinaire

A Comment expliciter le sens d'un terme ou d'une expression du langage ordinaire ?

À la différence des termes techniques que nous n'employons que très rarement, les termes du langage ordinaire sont d'usage courant et nous avons donc des intuitions, plus ou moins fortes et plus ou moins précises, quant à ce qui relève d'un usage correct ou incorrect de ces termes.

Même si vous n'avez suivi aucun cours sur la liberté (ou peut-être surtout si vous n'en avez suivi aucun), vous aurez l'intuition que si l'on enferme un homme dans une prison, alors cet homme n'est pas libre de ses mouvements. **Cela ne constitue pas une définition de la liberté mais c'est un exemple d'usage de cette expression,** et présenter de tels exemples est un début d'explicitation, même si cela ne suffit pas.

La première exigence d'un travail de définition ou d'explicitation, cela reste de rendre compte de l'usage, même si nous allons voir que ce n'est jamais parfaitement possible.

B Définir des conditions nécessaires et suffisantes

Définir une expression du langage ordinaire, ce serait **donner un ensemble de conditions qui délimite aussi parfaitement que possible les cas où cette expression s'applique.** Il est important de distinguer deux types de conditions :

1. des conditions nécessaires ;
2. des conditions suffisantes.

Ce vocabulaire est très important. Si vous êtes capable de bien le manier, cela fera une excellente impression sur votre correcteur !

Une condition nécessaire pour *x* est une condition qui doit être satisfaite dans tous les cas de *x*.

EXEMPLE

Si l'on cherche à définir ce que signifie « mal agir » ou « mauvaise action », il est très facile de donner une condition nécessaire : pour qu'une personne agisse mal, il est nécessaire avant tout qu'elle soit en capacité d'agir.

Cela ne veut pas dire, dans l'autre sens, qu'il suffit d'être en capacité d'agir pour mal agir : **c'est une condition nécessaire, mais pas forcément suffisante, et c'est pourquoi cela ne donne pas une définition complète.**

À l'inverse, une condition suffisante pour *x* est une condition telle que, si elle est satisfaite dans un cas, alors il s'agit bien d'un cas de *x*.

EXEMPLE

Par exemple, tuer son voisin à des fins purement récréatives est sans aucun doute une mauvaise action : par là, **j'ai seulement spécifié une condition suffisante.** Il y aurait encore bien d'autres façons de mal agir, et l'on est loin d'avoir une définition complète en ne présentant que cette condition.

Pour conclure notre exemple, afin d'avoir une véritable définition de l'expression « mal agir » ou « mauvaise action », **il faudrait une condition (ou un ensemble de conditions) qui soit à la fois nécessaire et suffisante :** c'est-à-dire qu'une telle condition serait satisfaite par tous les cas de mauvaise action (la condition est donc nécessaire), et seulement par ces cas (la condition est donc suffisante).

EXEMPLE

Nous pourrions proposer de définir « mal agir » comme « agir de façon à causer intentionnellement un tort » : **cela semble assez bien coller à l'usage effectif du terme.**

LA DISSERTATION

C Les contre-exemples

Dès lors qu'une définition est proposée, il devient intéressant de lui chercher des contre-exemples, c'est-à-dire :

- **des cas où le terme devrait s'appliquer mais qui ne sont pas inclus par la définition** (la définition serait donc trop étroite) ;
- ou au contraire **des cas qui sont inclus dans la définition mais où il semble que le terme ne devrait pas s'appliquer** (la définition serait donc trop large).

EXEMPLE

Ma définition de « mal agir » comme « agir de façon à causer intentionnellement un tort » a pour conséquence que si un tramway fou fonce sur une voie sur laquelle cinq personnes sont attachées (et vont mourir écrasées si rien n'est fait) mais que j'actionne un aiguillage qui déviera ce train vers une voie où se trouve une seule personne (qui va donc mourir écrasée en raison de mon action), j'aurai mal agi puisque j'aurai intentionnellement causé un tort à cette personne (en la laissant mourir pour en sauver cinq autres). Pourtant, l'intuition la plus répandue consiste à considérer qu'une telle action est moralement permise. **C'est un contre-exemple à ma définition : celle-ci est trop étroite et ne semble donc pas coller entièrement à l'usage effectif du terme.**

Cet exemple du tramway, ou trolley, est très classique en philosophie morale. Si ce type de scénario vous amuse ou vous intéresse, je vous recommande de regarder ma vidéo « 7 expériences de pensée morales (ft. Science4All) – Serez-vous utilitariste jusqu'au bout ? »

https://www.youtube.com/watch?v=AZBDMN5wZ-8

7 La définition parfaite n'existe pas

Si vous avez lu des dialogues de Platon, vous aurez peut-être remarqué que la plupart d'entre eux tournent autour de questions de définitions.

Socrate demande : « Qu'est-ce que le courage ? », « Qu'est-ce que la justice ? » ; son interlocuteur essaye de les définir (c'est-à-dire de donner des conditions nécessaires et suffisantes) ; mais Socrate débusque toujours des contre-exemples à sa définition, si bien qu'à la fin son interlocuteur doit confesser qu'il ne peut pas réellement définir l'objet de la discussion.

Pourtant, Socrate et lui comprennent ce qu'est le courage ou la justice puisqu'ils ont su reconnaître les contre-exemples aux différentes tentatives de définition.

Comprendre un terme du langage ordinaire, ce n'est pas comprendre sa définition mais c'est être capable de l'utiliser intuitivement (et ainsi d'identifier des contre-exemples à une définition).

Socrate aussi bien que son interlocuteur comprennent donc de quoi ils parlent, ils n'arrivent seulement pas à le définir précisément, c'est-à-dire à donner un ensemble de conditions nécessaires et suffisantes ; et cela tient seulement à ce que l'usage des mots qu'ils cherchent à définir ne suit pas des règles fixes et déterminées.

C'est le cas plus généralement de presque tous les termes et expressions du langage ordinaire : nous ne les avons pas apprises avec des définitions, mais simplement en les utilisant ; cet usage reste largement flou et imprécis, si bien qu'une définition qui en rende parfaitement compte ne peut tout simplement pas exister.

Le langage est comme un jeu informel dont on établit les règles au fur et à mesure, sans qu'il soit nécessaire de les préciser au-delà des cas d'usage courants.

Vous pouvez prolonger ces réflexions sur la notion de définitions à travers ma vidéo **« Définir "définir" » Grain de philo #26.**

https://youtu.be/U6EP2ecu2As

8 Mais alors, pourquoi définir ?

En fin de compte, nous pourrions nous demander à quoi sert de définir un terme ou une expression si une définition parfaite n'existe pas.

Une définition, même imparfaite, reste le meilleur outil pour expliciter le sens des termes et des expressions à partir desquels nous réfléchissons. Cela permet d'isoler des aspects de leur sens pour argumenter.

De façon générale, l'effort de définition, même lorsqu'il échoue, marque tout de même un progrès dans la réflexion.

EXEMPLE

Par exemple, tout à l'heure, j'ai tenté de définir « mal agir » de la façon suivante : « agir de façon à causer intentionnellement un tort ».

Pour mettre cette définition à l'épreuve, j'ai envisagé un contre-exemple : le cas du tramway fonçant sur cinq personnes, que je dévie sur une voie où il ne causera la mort que d'une personne. Ce contre-exemple pourrait alors m'amener à modifier et préciser ma première définition de sorte qu'il faudrait considérer la balance totale des torts parmi toutes les actions disponibles : en déviant le tramway, j'ai causé un tort, certes, mais j'ai minimisé le tort causé par le tramway (par rapport au cas où il aurait tué cinq personnes), et c'est en cela que je n'ai pas mal agi.

Ou je pourrais choisir de maintenir ma première définition en dépit du désaccord avec l'intuition : cela reviendrait à dire que notre intuition, dans ce cas, est erronée.

Quoi qu'il en soit, travailler sur la définition de cette expression « mal agir » a permis de pousser notre réflexion plus loin.

La conclusion de Monsieur Phi

➡ Un sujet de dissertation est composé de mots du langage ordinaire ; il sera toujours **important d'expliciter le sens** (ou les divers sens) **de ces mots** en proposant des définitions.

➡ Certains termes renverront à des notions du programme de philosophie dont vous aurez peut-être vu des définitions en cours ; mais il ne faut pas se méprendre sur le statut de ces définitions qui n'ont rien des définitions précises et nettes des mathématiques : **aucune notion de philosophie n'a de définition officielle qui devrait toujours s'appliquer.**

➡ Définir un terme ou une expression, c'est **donner une condition (ou un ensemble de conditions) nécessaire et suffisante,** c'est-à-dire qui soit satisfaite dans tous les cas d'usage de ce terme ou de cette expression, et seulement dans ces cas.

➡ En pratique, dès qu'une définition précise est proposée, il est presque toujours possible de lui trouver des contre-exemples ; cela tient à ce que l'usage effectif des termes est largement flou et indéterminé, si bien qu'**une définition parfaite n'est jamais possible.**

➡ Toutefois, travailler sur des définitions même imparfaites reste important pour expliciter le sens des termes, **construire des arguments et faire avancer sa réflexion.**

S'entraîner pour le bac

Pour chacun des sujets suivants, montrez que l'expression soulignée peut être explicitée de plusieurs façons afin d'aborder différents aspects intéressants du sujet. Précisez ces différents sens et les différentes interprétations du sujet qu'ils produisent.

Sujet 1

Travailler moins, est-ce vivre mieux ? (Bac 2016)

Sujet 2

La culture nous rend-elle plus humains ? (Bac 2018)

Sujet 3

Le langage trahit-il la pensée ? (Bac 2009)

Sujet 4

La pluralité des cultures fait-elle obstacle à l'unité du genre humain ? (Bac 2019)

Corrigés

Sujet 1

1er sens : Vivre mieux au sens de meilleures conditions de vie. Moins travailler permet-il d'améliorer ses conditions de vie, son bien-être, son confort matériel ? **C'est l'interprétation la plus évidente du sujet** ; on ne peut pas l'ignorer mais il ne faudrait pas s'y arrêter.

2e sens : Vivre mieux au sens de mener une vie meilleure du point de vue moral ou intellectuel. C'est cette dimension qui semble la plus intéressante : mène-t-on une vie plus morale ou plus riche intellectuellement en tâchant de moins travailler ? (La réponse à cette question dépendra aussi, bien sûr, des **divers sens que vous donnerez au terme « travail »**.)

Sujet 2

1er sens : Plus humains au sens de ce qui fait de nous des êtres humains ou appartenant à la nature humaine. La question serait donc : la culture nous amène-t-elle à réaliser davantage ce qui fait de nous des êtres humains ? **Le sujet inviterait à discuter du lien entre culture et nature humaine.**

LA DISSERTATION

2e sens : Plus humains au sens moral. La culture a-t-elle pour effet que nous ferions davantage preuve d'humanité au sens de bonté humaine, compassion, pitié, etc. ? Sans culture, serions-nous inhumains les uns envers les autres ou y a-t-il une forme de bonté naturelle ?

Sujet 3

1er sens : Trahir la pensée au sens de ne pas l'exprimer fidèlement. Certaines pensées que l'on voudrait exprimer sont-elles trahies par les **mots trop vagues et généraux** qui ne permettent de les retranscrire qu'imparfaitement ?

2e sens : Trahir la pensée au sens de révéler une pensée malgré soi. Certains **mots qui nous échappent** (comme un lapsus) peuvent-ils révéler ce que nous pensons réellement alors même que nous cherchions à le cacher ?

Sujet 4

1er sens : Unité du genre humain au sens de l'unité biologique de l'espèce humaine, c'est-à-dire **le fait que nous soyons tous de la même espèce humaine.** Il est intéressant de noter que c'est l'adaptation culturelle (et non biologique) à des environnements divers qui a permis de faire en sorte que les individus d'une seule et même espèce biologique peuplent presque toute la surface de la Terre.

Je développe ce point dans ma vidéo **« La pluralité des cultures fait-elle obstacle à l'unité du genre humain ? »**

https://youtu.be/FHTw_R9M8Mg

2e sens : Unité du genre humain au sens moral, c'est-à-dire **le fait que tous les êtres humains se reconnaissent mutuellement dans la même sphère de considération morale.** La question du sujet reviendrait donc à demander si la pluralité des cultures empêche des êtres humains de culture trop éloignée de se reconnaître mutuellement comme appartenant à une seule et même humanité, réduisant l'autre au rang de barbare ou de sauvage.

3e sens : Unité du genre humain au sens politique, c'est-à-dire **le fait que tous les êtres humains se rangent sous un même gouvernement dans une société commune.** La question serait donc de savoir si la pluralité des cultures ne tend pas justement à produire des divisions politiques entre des groupes humains aux cultures éloignées les unes des autres.

3

Les sujets en « Faut-il... ? », « Doit-on... ? », « Peut-on... ? »

1 Une interprétation source d'erreurs

Dans ce chapitre, nous allons examiner les questions en forme de :

1. « Faut-il... ? »
2. « Doit-on... ? »
3. « Peut-on... ? »

Ces formulations reviennent très souvent dans les sujets de dissertation mais aussi dans les textes philosophiques ou dans le langage ordinaire. Elles sont à la source de bien des incompréhensions entre les êtres humains en général, et entre les candidats du bac et les correcteurs en particulier.

Il est important de prêter attention à la façon dont on interprète les verbes « pouvoir », « devoir » et « falloir » qui sont à la fois très ambigus et d'usage très courant.

2 L'expression de l'obligation et de la permission

A Un lien inévitable

Dans un premier sens, **« falloir » et « devoir » expriment l'obligation** ; et corrélativement **« pouvoir » exprime la permission.**

Les notions de « permissions » et d'« obligations » sont liées l'une à l'autre : ce qui n'est pas permis (autrement dit ce qui est interdit), c'est ce qu'il est obligatoire de ne pas faire ; et ce qui n'est pas obligatoire (autrement dit ce qui est facultatif), c'est ce qu'il est permis de ne pas faire.

Ainsi, toute question qui porte sur ce qui est permis ou non peut être traduite en une question sur ce qui est obligatoire ou non, et réciproquement. S'entraîner à passer d'une formulation à l'autre peut aider à éclairer la réflexion dans la mesure où certaines idées sont plus frappantes lorsqu'elles sont exprimées en certains termes plutôt que d'autres.

EXEMPLE

Il est intéressant par exemple de remarquer que la question **« Peut-on rire de tout ? »**, c'est-à-dire « Est-il *permis* de rire de tout ? », revient à se demander : « N'y a-t-il rien dont il soit *obligatoire de ne pas rire* ? »

B Quelles règles utilise-t-on pour définir l'obligation et la permission ?

Obligation, permission, etc., n'ont de sens que relativement à des règles. Ce qui est permis au jeu d'échecs n'a pas le même sens que ce qui est permis par les Dix Commandements.

Une ambiguïté des verbes « falloir », « devoir » et « pouvoir » tient donc au fait qu'on ne sait pas toujours à quelles règles on se réfère.

Dans l'usage ordinaire, bien souvent, ce sera par rapport à une législation ou une réglementation précise qui est assez facile à identifier selon le contexte.

EXEMPLE

Si je demande **« Peut-on rouler à plus de 130 sur l'autoroute ? »** ou **« Faut-il jeter le plastique dans la poubelle bleue ou jaune ? »**, je sais qu'il existe une réglementation qui pourra répondre à ma question. Mais de tels sujets ont peu de chance de tomber au bac…

Dans le contexte d'une dissertation de philosophie, cela ne sera jamais dans ce sens-là qu'il faudra prendre le sujet, et ceci même lorsqu'il s'y prête.

EXEMPLE

Pour le sujet **« Peut-on rire de tout ? »**, il n'est pas inintéressant de parler de la législation et de décisions judiciaires liées à cette question, mais il ne faudra surtout pas réduire le sujet à une question légale et juridique. La dissertation de philosophie n'est pas une épreuve de droit, et on ne vous demande donc pas s'il est légalement permis de rire de tout.

Dans le contexte d'une dissertation de philosophie, il sera plus judicieux de se demander, par exemple, s'il est moralement permis de rire de tout. Vous allez donc parler d'obligation et de permission relativement à des règles morales.

Il est très important, en philosophie comme ailleurs, de bien distinguer ces deux aspects et ces deux niveaux de discussion : **le niveau légal et le niveau moral.**

EXEMPLE

Par exemple, si je suis opposé à ce qu'une loi interdise un comportement, ce n'est pas forcément parce que je le cautionne moralement : je ne veux pas qu'il soit légalement obligatoire que mon boulanger me dise bonjour, et ce n'est pas pour autant que je n'apprécie pas qu'il le fasse. **Les sphères morales et légales ne se recouvrent pas parfaitement.**

Dans une dissertation de philosophie, vous pouvez donc laisser globalement l'aspect légal et juridique de côté pour vous concentrer sur l'aspect moral, que vous pourrez développer comme bon vous semble.

La philosophie morale est un champ très large et riche, il y a de quoi faire !

Pour en apprendre davantage à ce sujet, je vous recommande **ma playlist « Philosophie morale ».**

https://www.youtube.com/playlist?list=PLuL1TsvlrSndG1xYLRsaNvSM46lOkOg2W

LA DISSERTATION

3 L'expression de la possibilité et de la nécessité

Mais vous remarquerez assez vite que beaucoup de sujets en « Faut-il... ? », « Doit-on... ? » ou « Peut-on... ? » ne se prêtent pas à une lecture morale.

EXEMPLE

Considérez par exemple le sujet : **« Peut-on penser sans langage ? »** Il n'y aurait guère de sens à le traiter comme signifiant : « Est-il moralement permis de penser sans langage ? » La question porte plutôt sur la possibilité ou la capacité à penser sans langage.

De même, un sujet comme **« Faut-il être cultivé pour apprécier une œuvre d'art ? »** (Bac 2012) n'a guère de sens s'il est compris comme signifiant : « Est-il moralement obligatoire d'être cultivé pour apprécier une œuvre d'art ?» Il semble là qu'il faille plutôt le comprendre en termes de nécessité : « Est-il *nécessaire* d'être cultivé pour apprécier une œuvre d'art ? »

Les verbes « falloir » et « pouvoir » peuvent ainsi faire référence respectivement aux notions de nécessité et de possibilité (ou capacité).

Les termes « nécessaire » et « possible » sont en fait liés de la même façon que les termes « obligatoire » et « permis » : dire qu'il n'est pas possible qu'une certaine chose arrive (autrement dit que c'est impossible), cela revient à dire qu'il est nécessaire que cela n'arrive pas ; et dire qu'il n'est pas nécessaire qu'une certaine chose arrive (autrement dit que c'est contingent), cela revient à dire qu'il est possible que cela n'arrive pas.

Vous pouvez regarder ma vidéo **« La liberté en jeu » PopPhi #2** où je montre en quoi les notions de possibilité et de nécessité peuvent en fait être comprises comme exprimant la permission et l'obligation relativement à des lois naturelles : s'il m'est impossible de me déplacer plus vite que la lumière, c'est parce que les lois physiques me l'interdisent.

https://youtu.be/IDL587pZnNk

Là encore, **s'entraîner à passer d'une expression à l'autre peut être utile** car certaines formulations sembleront plus claires selon le vocabulaire dans lequel elles sont exprimées.

EXEMPLE

Par exemple, pour le sujet **« Faut-il être cultivé pour apprécier une œuvre d'art ? »**, au lieu de le traduire en termes de nécessité, nous pourrions le traduire en termes d'impossibilité : « Est-il *impossible* d'apprécier une œuvre d'art si l'on n'est pas cultivé ? »

4 Quelle interprétation choisir ?

Face à un sujet de dissertation de forme « Peut-on... ? », « Doit-on... ? » ou « Faut-il... ? », la première question à se poser est donc : **s'agit-il d'un sujet portant sur la permission et l'obligation morale ou s'agit-il plutôt d'un sujet portant sur la capacité et la nécessité ?** Et ce n'est pas un mince choix à faire car ces interprétations produisent des lectures très différentes du sujet.

Il est fréquent qu'une seule interprétation soit pertinente au sens où l'autre ne pourra amener que des réponses évidentes. Mais bien souvent aussi, les deux interprétations seront intéressantes ; dans de tels cas, il pourra être assez habile de les traiter l'une et l'autre au cours de la dissertation. (Nous y reviendrons lorsque nous parlerons de la construction du plan – voir p. 69.)

EXEMPLE

Le sujet **« Peut-on rire de tout ? »** est intéressant aussi s'il est interprété en termes de capacité : « Est-on capable de rire de tout ? », autrement dit est-ce possible du point de vue psychologique ? Ou y a-t-il des sujets dont il est tout simplement impossible de rire pour un être humain ? C'est un aspect intéressant de la question. Il ne faudrait pas que la copie entière se focalise dessus, l'interprétation morale de la question reste la plus importante ici, mais cet angle psychologique peut compléter et enrichir la réflexion.

5 Et si aucune interprétation ne semble pertinente ?

A Un exemple ni lié à la morale, ni lié à la nécessité

Considérez le sujet suivant : **« Faut-il chercher à tout démontrer ? »** (Bac 2004).

À votre avis, quelle est la bonne interprétation de ce « Faut-il » ?

Vous allez assez vite écarter l'interprétation morale (même s'il n'est pas inenvisageable d'en parler marginalement) : la question ne semble pas relever de la morale. Ce « Faut-il » devrait donc plutôt être compris comme exprimant la nécessité.

Or, si la question est : « Est-il nécessaire de chercher à tout démontrer ? », c'est-à-dire « Sommes-nous incapables de ne pas chercher à tout démontrer ? », il sera évident que... non. Chercher à tout démonter, cela n'a rien d'une nécessité, en aucun sens que ce soit. (Preuve en est, en ce moment, je ne cherche pas à tout démontrer. Et vous non plus.)

Pourtant, il faut dégager un sens intéressant à cette question ; cela fait partie du jeu de la dissertation. Comment faire si ni l'interprétation morale ni l'interprétation en termes de nécessité ne vous semble pertinente ?

B La solution ? Une nécessité en vue d'un objectif

L'astuce ici, c'est que **le « Faut-il » exprime bien la nécessité mais pas une nécessité absolue. Il s'agit plutôt d'une nécessité liée à un certain objectif visé ;** et le piège du sujet tient à ce que cet objectif n'est pas formulé explicitement.

Un tel implicite est très fréquent dans le langage ordinaire : quand je dis « il faut que je fasse *x* », il est très rare que je veuille dire par là que faire *x* est une nécessité absolue. En règle générale, je veux plutôt dire que faire *x* est nécessaire pour atteindre un certain objectif qui sera implicitement compris par mon interlocuteur.

EXEMPLE

Si je dis : « Il faut que j'aille aux toilettes », **je ne veux pas dire que c'est une nécessité absolue,** autrement dit que je serais incapable de ne pas aller aux toilettes. Il reste tout à fait possible que je n'aille pas aux toilettes ; cela pourrait malheureusement arriver (par exemple si j'ai été attaché à mon siège par un élève malveillant). Par contre, il est **nécessaire** que j'aille aux toilettes rapidement pour que je reste propre et de bonne humeur.

Pour le sujet « Faut-il chercher à tout démontrer ? », c'est à peu près la même chose, à ceci près que l'objectif implicite est différent. En l'occurrence, cet objectif serait plutôt la connaissance. **Le sujet reviendrait donc à demander : « Est-il nécessaire de chercher à tout démontrer pour établir des connaissances ? »** Ou pour le formuler encore autrement : **« Serions-nous incapables d'établir des**

connaissances sans faire l'effort d'essayer de tout démontrer ? » Et c'est bien une interprétation intéressante du sujet dans la mesure où la réponse à cette question n'est pas évidente.

Notez qu'il y a aussi beaucoup de sujets en forme de « Faut-il *x* pour *y* ? », où l'objectif *y* est clairement exprimé, par exemple le sujet : « Faut-il être cultivé pour apprécier une œuvre d'art ? » Mais quand un sujet a la forme « Faut-il *x* ? » tout court ou « Peut-on *x* ? » tout court, demandez-vous toujours s'il n'y a pas un objectif *y* implicite qu'il serait crucial de dégager pour interpréter correctement le sujet.

Cet objectif doit évidemment avoir un rapport avec le sujet : pour le sujet « Faut-il chercher à tout démontrer ? », nous avons pensé à la connaissance puisque la démonstration est une notion liée ; mais pour un autre sujet, l'objectif implicite pourrait être tout à fait différent.

La conclusion de Monsieur Phi

- Face à un sujet en forme de « Peut-on... ? », « Faut-il... ? » ou « Doit-on... ? », vous envisagerez deux lectures : **la lecture en termes de permission ou d'obligation morale, et la lecture en termes de capacité ou de nécessité.**

- Si vous développez l'aspect moral, **il faudra bien le distinguer des considérations strictement légales et juridiques ;** celles-ci peuvent être intéressantes, mais ce n'est pas ce qu'on vous demande en priorité.

- Si vous développez l'interprétation en termes de nécessité ou de capacité, **il faut vous demander si la question ne doit pas être comprise relativement à un objectif visé implicite,** que vous devriez donc expliciter. (Cela peut valoir aussi pour l'interprétation morale, même si c'est moins fréquent.)

- Enfin, une interprétation peut ressortir comme nettement plus pertinente que l'autre ; mais **il arrive aussi que les deux lectures soient intéressantes** et méritent d'être développées dans la dissertation.

S'entraîner pour le bac

Pour chacun des sujets suivant :

1. *Reformulez selon les deux interprétations possibles : en termes de permission/obligation morale ou en termes de capacité/nécessité (en explicitant l'objectif implicite s'il vous semble qu'il y en ait un).*

2. *Essayez aussi de passer d'une formulation en termes de permission/capacité à des formulations équivalentes en termes d'obligation/nécessité ou interdiction/impossibilité.*

3. *Justifiez quelles interprétations vous sembleraient intéressantes à développer dans la dissertation.*

Sujet 1

Doit-on satisfaire tous ses désirs ?

Sujet 2

Peut-on se libérer de sa culture ? (Bac 2017)

Sujet 3

Faut-il préférer le bonheur à la vérité ? (Bac 2006)

Sujet 4

Peut-on être sûr d'avoir raison ? (Bac 2009)

Corrigés

Sujet 1

1. **Interprétation morale :** « Est-on moralement obligé de satisfaire tous ses désirs ? »

2. **Interprétation en termes de nécessité :** « Est-il nécessaire de satisfaire tous ses désirs ? »

Il semble qu'il faille ajouter un objectif implicite : le bonheur. La question serait donc : « Est-il nécessaire de satisfaire tous ses désirs pour être heureux ? »

Autrement dit : « Est-il impossible d'être heureux à moins de satisfaire tous ses désirs ? »

3 Cette dernière interprétation semble la plus pertinente : **elle permet de développer le thème classique du caractère insatiable du désir et son rapport au bonheur.**

Sur ce thème, vous pouvez regarder ma vidéo **« "Il vaut mieux être Socrate insatisfait qu'un imbécile satisfait" – John Stuart Mill » Dixit #2.**

https://youtu.be/NpUcdhbcmul

Vous pouvez également regarder la vidéo de *L'Antisèche* qui traite exactement ce sujet : **« Le désir et le bonheur – Philosophie – Terminale ».**

https://youtu.be/WMO0bQ8czUw

Sujet 2

1 **Interprétation morale :** « Est-il moralement permis de se libérer de sa culture ? »

2 **Interprétation en termes de possibilité :** « Est-il possible de se libérer de sa culture ? »

3 C'est surtout la seconde interprétation qui semble importante : **il s'agit de savoir de quoi un être humain est capable vis-à-vis de sa propre culture.** Mais la première interprétation aussi pourrait être intéressante à développer en complément pour questionner l'aspect moral : l'idée de « trahir » sa culture, par exemple, pourrait être abordée dans ce cadre.

Sujet 3

1 **Interprétation morale :** « Sommes-nous moralement obligés de préférer le bonheur à la vérité ? »

2 **Interprétation en termes de nécessité :** « Est-il nécessaire de préférer le bonheur à la vérité ? »

3 Même si l'interprétation morale semble plus adéquate, cette reformulation précise révèle une bizarrerie du sujet : en effet, on s'attendrait plutôt à ce qu'il soit demandé s'il est moralement permis de préférer le bonheur dans l'illusion plutôt qu'une vérité qui nous rend malheureux ; or le sujet demande plutôt si le choix du bonheur est une obligation morale.

Il est tentant de se pencher aussi vers la lecture de la question en termes de nécessité qui revient en fait à demander : « Sommes-nous incapables de préférer la vérité au bonheur ? » On pourrait soutenir qu'il est psychologiquement inévitable de préférer le bonheur dans la mesure où c'est, par définition, ce qui est ultimement visé par toutes nos actions. Je veux ultimement être heureux, je n'y peux rien...

En somme, c'est un sujet plus complexe et subtil qu'il n'y paraît et qui gagne à être examiné sous autant d'angles différents.

Sur le thème du rapport entre bonheur, vérité et illusion, je vous recommande ma vidéo **« La machine à expériences de Robert Nozick » Argument frappant #7.**

https://youtu.be/2FVwXaNWPQ0

Sujet 4

1 Interprétation morale : « Est-il moralement permis d'être sûr d'avoir raison ? »

2 Interprétation en termes de capacité : « Est-on capable d'être sûr d'avoir raison ? »

3 Comme je le soulignais dans le corrigé de l'exercice du premier chapitre (voir p. 30), cette seconde interprétation semble trivialement vraie : il y a bien des sujets sur lesquels nous sommes absolument convaincus d'avoir raison (par exemple que 2 + 2 = 4). La question serait plutôt de savoir si nous pouvons réellement entretenir un doute à de tels sujets.

L'interprétation morale est-elle plus intéressante ? Il est difficile de voir en quoi être sûr d'avoir raison pourrait être considéré comme immoral : serait-ce commettre un péché d'orgueil ? Cela pourrait se défendre, mais je ne vois pas comment construire une dissertation autour de la discussion de cette seule idée.

Peut-être alors faut-il plutôt revenir à la lecture en termes de possibilité ou de capacité, mais en lui ajoutant un objectif implicite : cet objectif pourrait être la recherche de la connaissance, et plus spécifiquement l'exigence de ne pas tomber dans l'erreur. Ainsi, la question du sujet reviendrait à : « Est-il possible d'être sûr d'avoir raison sans prendre le risque de tomber dans l'erreur ? » Cela invite **à questionner la part de doute qu'il serait nécessaire de garder en toute chose** (même si ce doute peut être très difficile à penser pour des vérités aussi élémentaires que 2 + 2 = 4), thème classique en philosophie autour duquel il sera facile de nourrir une discussion intéressante.

Pour en apprendre davantage à ce sujet, vous pouvez regarder ma vidéo sur le doute chez Descartes : **« Où Descartes te met un gros doute – Esprit et matière 1/5 » Grain de philo #2.**

https://youtu.be/ixbZNpgHjig

Vous pouvez aussi regarder ma vidéo sur le scepticisme **« Le scepticisme – Le trilemme d'Agrippa » Grain de philo #14 (Ep.2).**

https://youtu.be/Gqu6Di353ok

4

Les sujets en « Pourquoi... ? »

1 Différentes formes de « Pourquoi... ? »

A Pourquoi « pourquoi » ?

Des questions de forme « Pourquoi... ? » tombent de temps en temps parmi les sujets de dissertation de philosophie. De telles questions sont par ailleurs très fréquentes dans le langage ordinaire, particulièrement celui des enfants et des philosophes. On ne saurait réfléchir longtemps à quoi que ce soit sans se confronter à de multiples « pourquoi ».

Mais que demande-t-on quand on demande « pourquoi » ?

Nous pourrions en distinguer divers types selon la forme de l'expression qui suit le « pourquoi » :

1. **soit il s'agit d'une proposition** (c'est-à-dire une phrase complète), par exemple « Pourquoi avons-nous intérêt à étudier l'histoire ? » (Bac 2016) ;

2. **soit il s'agit d'une forme verbale à l'infinitif,** par exemple « Pourquoi chercher à se connaître soi-même ? » (Bac 2014). Mais en fait ce deuxième type de cas semble pouvoir toujours être ramené au premier ; cela reviendrait à demander : « Pourquoi cherche-t-on à se connaître soi-même ? »

B La variante du « À quoi bon... ? »

Vous pourriez aussi être confronté(e) à une question de forme « À quoi bon... ? », par exemple « À quoi bon expliquer une œuvre d'art ? » (Bac 2019).

Là encore, il semble que cela puisse se reformuler en une question du premier type : « Pourquoi explique-t-on une œuvre d'art (alors que c'est inutile) ? » (J'ajoute cette parenthèse car l'expression « à quoi bon » semble servir à suggérer que l'objet de la question est une entreprise vaine ou impossible.)

2 Une question qui cache une affirmation

La première chose à remarquer concernant les questions en « Pourquoi… ? », c'est qu'**elles présupposent que la proposition qui suit le « pourquoi » est vraie, ou au moins qu'elle peut l'être dans certains cas.**

EXEMPLE

Par exemple, **« Pourquoi avons-nous intérêt à étudier l'histoire ? »** présuppose que nous avons intérêt à étudier l'histoire. La question **« Pourquoi chercher à se connaître soi-même ? »** (équivalente à « Pourquoi cherche-t-on à se connaître soi-même ? ») présuppose qu'il arrive que l'on cherche à se connaître soi-même, ou que c'est tout au moins possible.

En somme, lorsqu'on demande « Pourquoi ceci est le cas ? », c'est que l'on tient pour vrai que ceci est le cas ; et lorsqu'on demande « Pourquoi faire ceci ? », c'est que l'on tient pour vrai qu'il nous arrive de faire ceci, ou que c'est au moins possible.

3 Ne pas rejeter d'emblée le présupposé de la question

A Trouvez toujours un sens à la question

Si je vous demandais « Pourquoi la Terre est-elle plate ? », vous tâcheriez sûrement de me répondre en expliquant qu'elle n'est pas plate. Si vous y parvenez, vous n'aurez pas répondu à ma question de départ : vous aurez seulement fait en sorte qu'il n'y ait plus de sens à ce que je me la pose. Et c'est en effet la bonne chose à faire, dans ce cas.

Mais dans une dissertation de philosophie, quoi que vous pensiez de la question posée, vous ne devriez pas montrer d'entrée de jeu que celle-ci n'a aucun sens. Comme j'ai tâché de l'expliquer dans le premier chapitre (voir p. 23), **vous devez vous débrouiller pour donner à la question un sens qui vous semble assez intéressant pour nourrir tout un développement.**

B La question n'est jamais absurde

Rejeter d'emblée un présupposé du sujet, ce qui revient à montrer immédiatement que le sujet n'a pas de sens, ce n'est donc pas une idée brillante. (Vous pourrez cependant rejeter le présupposé dans la dernière partie de votre développement ; j'en reparlerai plus en détail dans les deux prochains chapitres.)

Notez bien que les présupposés d'un sujet ne seront jamais complètement inacceptables (ou tout au moins vous pourrez les comprendre d'une façon acceptable, pourvu que vous fassiez preuve d'un peu de charité dans l'interprétation des termes), et donc si le sujet est de forme « Pourquoi ceci ? », efforcez-vous de comprendre ce « ceci » de façon qu'il ne soit pas absurde que « ceci » soit vrai ou au moins possible.

4 Traiter une question qui oriente la réponse

Comment donc répondre à une question de forme **« Pourquoi ceci ? ».**

De façon générale, on pourrait dire que **cette question appelle à formuler des justifications en faveur de « ceci ».**

À ce titre, un sujet comme « Pourquoi avons-nous intérêt à étudier l'histoire ? » ressemble beaucoup au sujet : « Avons-nous intérêt à étudier l'histoire ? » La principale différence, c'est que le premier présuppose que nous avons intérêt à étudier l'histoire, tandis que le second ne le présuppose pas ; ainsi, ce deuxième sujet invite non seulement à trouver des justifications en faveur du fait que nous avons intérêt à étudier l'histoire, mais aussi en sa défaveur : il s'agirait, dans le développement, de peser le pour et le contre.

Le premier sujet, au contraire, avec son « Pourquoi… ? », invite plutôt à construire un développement qui présente différentes justifications en faveur du fait que nous avons intérêt à étudier l'histoire, sans forcément développer l'argumentation en sens contraire. **C'est tout au plus dans la troisième partie, si vous y tenez, que vous pourriez remettre en cause ce présupposé, mais ce n'est pas indispensable.**

Le « pourquoi » dans ce type de sujet semble donc servir à orienter le traitement de la question. En somme, c'est la différence entre « Justifiez que nous avons intérêt à étudier l'histoire » et « Justifiez si nous avons intérêt à étudier l'histoire ».

5 Proposer différents types de justification

Il y a différents types de justification qu'un « pourquoi » peut appeler. **Le plus évident est la justification causale, ou l'explication.**

EXEMPLE

Par exemple, face au sujet « Pourquoi sommes-nous sensibles à la beauté ? » (Bac 2003), il s'agira de proposer une explication de ce qui cause notre sensibilité à la beauté.

Bien souvent, ce que vise le « pourquoi » concerne une action humaine et, dans ce cas, **l'explication qu'on en attend peut être liée à l'utilité de cette action, à un objectif visé.**

EXEMPLE

Le sujet « Pourquoi l'homme crée-t-il des œuvres d'art ? » (Bac 2014, Asie) invite à se demander : quel est l'objectif de la création ? À quelle fin crée-t-on des œuvres d'art ? Il s'agit de justifications finales. C'est un « pourquoi » au sens de « pour quoi », « en vue de quoi ».

Enfin, dans certains cas, il peut s'agir aussi de **justification morale.** Cela se produit seulement lorsque ce qui suit le « pourquoi » est une forme verbale à l'infinitif.

EXEMPLE

Prenez par exemple le sujet « Pourquoi punir ? ». Une interprétation possible est : « Pourquoi faut-il punir ? » (« faut-il » au sens moral). Autrement dit, la question ainsi interprétée nous demanderait de justifier la légitimité morale de la punition.

La conclusion de Monsieur Phi

Un sujet de forme « Pourquoi *x* ? » vous demande de justifier *x*, et c'est donc **un présupposé que *x* est vrai ou tout au moins possible.** Vous ne devez pas remettre en cause ce présupposé d'entrée de jeu. (Vous le pourrez seulement dans la dernière partie de votre développement.)

Il y a **différents types de justification** qu'un sujet de forme « Pourquoi schtroumpfer ? » peut appeler.

Justification finale ou causale : « Pourquoi schtroumpfe-t-on ? » Si schtroumpfer est plutôt un type d'action volontaire, cela revient alors à demander une justification finale, autrement dit, à quelle fin schtroumpfe-t-on ? Quel est notre objectif en schtroumpfant ? Sinon, si la schtroumpferie est plutôt un phénomène involontaire, cela revient à demander une explication causale : qu'est-ce qui nous fait schtroumpfer ?

Justification morale : « Pourquoi faut-il schtroumpfer ? » Autrement dit, pourquoi est-ce moralement nécessaire ou important ?

Les sujets de forme « Pourquoi... ? » sont ainsi susceptibles d'interprétations diverses et c'est à vous d'expliciter et choisir la ou les plus intéressantes à schtroumpfer !

5

ANALYSER LE SUJET

1 La première étape indispensable de la dissertation

Lorsque l'on dit « analyser le sujet », cela signifie préciser votre compréhension de la question et dégager les principales pistes de réflexion que vous pourrez suivre pour y répondre. Ce travail préalable doit évidemment se faire au brouillon.

Il n'y a pas de recette miracle qu'il suffirait d'appliquer pour analyser correctement n'importe quel sujet, mais ce chapitre vous donnera quelques conseils généraux qui pourront vous servir de guide si vous ne savez pas par où commencer.

2 1er conseil : envisagez différentes interprétations

Le premier conseil applique directement tout ce que nous avons vu dans les quatre premiers chapitres : envisagez différentes interprétations de la question.

Autrement dit, commencez par expliciter différents sens possibles des principaux termes et expressions du sujet ; puis dégagez les différentes interprétations possibles de la question selon ces différents sens.

Le nombre d'interprétations peut être assez élevé.

EXEMPLE

Par exemple, pour analyser le sujet « Peut-on être heureux sans être libre ? » (Bac 2015), si vous distinguez deux sens de « Peut-on » (capacité ou permission), et deux sens de « liberté » (liberté de la volonté ou liberté politique), vous avez déjà quatre interprétations de la question. Ajoutez à cela une distinction entre deux sens d'« être heureux » (le bonheur comme fin en soi, ou le bonheur comme état de satisfaction durable), et vous arrivez à huit !

Vous devez déterminer :

1. quelles interprétations sont absurdes ou impossibles à traiter ;
2. lesquelles sont triviales (c'est-à-dire qu'une réponse est possible mais évidente et très facile à justifier) ;
3. et enfin lesquelles sont les plus intéressantes (c'est-à-dire qu'une réponse ou plusieurs réponses sont possibles et que leur justification n'est pas évidente : il faudra les développer). Et ce sont donc sur ces dernières qu'il faudra vous concentrer.

3 2e conseil : repérez les présupposés du sujet

Ce n'est pas parce qu'on pose une question qu'on n'affirme rien : **la tournure de la question peut transmettre implicitement beaucoup d'informations qu'il sera crucial de rendre explicites.** Mon deuxième conseil est donc le suivant : repérez les présupposés du sujet, et plus généralement tout ce que le sujet suggère implicitement.

Le présupposé d'une question, c'est ce qu'il faut admettre pour qu'il y ait un sens à se poser cette question.

EXEMPLE

Par exemple si le sujet est « Le langage n'est-il qu'un outil ? » (Bac 2013), la tournure de la question présuppose que le langage est effectivement un outil : il s'agira de savoir s'il n'est rien d'autre que cela.

Mais les présupposés peuvent être plus subtils. Ils peuvent se cacher par exemple dans le choix d'un mot ou d'une expression.

EXEMPLE

Le sujet « Peut-on se libérer de sa culture ? » (Bac 2017) cache un présupposé très important et qui peut facilement échapper aux élèves : si l'on parle de « s'en libérer », c'est donc que le sujet présuppose que notre culture, en un certain sens, nous « enferme » ou nous « retient ».

Et pour bien comprendre ce sujet, il faudrait donc avant tout interpréter ce présupposé de façon à lui donner un sens clair : en quoi peut-on dire que la culture nous enferme ?

Les présupposés peuvent être remis en question dans la dissertation, mais seulement dans sa dernière partie. Nous reviendrons sur ce point dans le chapitre consacré à la construction du plan (voir p. 69).

Au-delà des présupposés au sens strict, il faut essayer de dégager aussi ce que suggère le sujet. Et là encore cela passe bien souvent par le choix des mots.

EXEMPLE

Par exemple, **demander si l'on peut se libérer de sa culture suggère qu'il serait plutôt bon et positif de le faire,** parce que l'idée de libération est plutôt connotée positivement.

Si la question posée était « Peut-on fuir sa culture? », le mot de *fuite* étant connoté plutôt négativement, cela suggérerait au contraire qu'une telle conduite n'est pas bonne, qu'elle pourrait être considérée comme une trahison ou une lâcheté.

4 3e conseil : rattachez le sujet à des exemples

A Cherchez des exemples concrets

Un sujet n'est pas une question totalement abstraite : c'est une question que l'on pourrait être amené à se poser par rapport à certaines situations, dans certains cas concrets. Et une excellente façon d'aller plus loin dans votre analyse du sujet, c'est de réfléchir justement à quelques-unes de ces situations concrètes qui illustreraient particulièrement bien le sujet. C'est donc mon troisième conseil : cherchez de bons exemples.

Non seulement vous allez vous servir d'exemples dans votre dissertation, mais **quand un exemple est vraiment intéressant et pertinent, il peut même largement guider votre réflexion.**

Si vous n'arrivez pas du tout à illustrer le sujet par un exemple concret même très simple, c'est un signe assez clair que vous ne l'avez pas bien compris, ou que vous n'arrivez pas à dégager ce qui fait son intérêt. Dans ce cas, réexaminez le sujet de plus près, ou, au pire, choisissez-en un autre.

B Attention à la surcharge

Une remarque importante concernant les exemples dans une dissertation : il est crucial d'en prendre pour accompagner la réflexion, mais **il ne faut surtout pas truffer votre copie d'exemples jusqu'à la rendre indigeste.** Il vaut mieux vous concentrer sur quelques bons exemples précis que vous utiliserez tout au long de la copie.

C Qu'est-ce qui fait qu'un exemple est bon ?

La principale vertu d'un exemple, c'est bien sûr **d'être pertinent par rapport au sujet, d'illustrer un aspect important de votre réflexion.**

EXEMPLE

Ainsi, pour le sujet « Peut-on se libérer de sa culture ? », vous allez devoir chercher un exemple de trait culturel qui illustre cette idée d'enfermement et qui permette d'interroger la possibilité d'en sortir. Vous pourriez alors songer au vêtement : nous sommes en permanence comme enfermés dans des vêtements qui ne sont que des conventions culturelles ; la pratique du nudisme ou du naturisme serait-elle une façon de s'en libérer ? (Voilà un exemple frappant !)

D Les exemples issus d'une culture commune

À pertinence égale, certains exemples feront meilleur effet que d'autres. **Le pire type d'exemple est l'anecdote personnelle ;** cela ramène votre dissertation au niveau d'une discussion de comptoir et ce n'est donc pas une bonne idée. L'exemple inventé de toutes pièces vaut à peine mieux : cela reste en général très maladroit.

Tâchez plutôt de faire référence à ce qui est susceptible d'appartenir à la culture de votre correcteur. Certes, vous ne connaissez pas votre correcteur, mais vous pouvez lui supposer *a priori* un minimum de culture générale.

EXEMPLE

Par exemple, vous pouvez vous attendre à ce que votre correcteur sache ce qu'est le nudisme ou le naturisme (même s'il ne pratique pas forcément ce mode de vie), et c'est en cela que l'exemple est efficace.

L'avantage d'utiliser un exemple issu de cette culture supposée commune entre vous et votre correcteur, c'est que même si l'exemple est présenté de façon imparfaite ou incomplète, votre correcteur verra facilement où vous voulez en venir. Cela diminue le risque de mécompréhension.

EXEMPLE

Autre exemple, pour parler de désobéissance aux lois, **la simple mention du nom d'Antigone suffit à évoquer toute son histoire** sans que vous ayez besoin de la présenter en détail ; cela vous permettra de gagner du temps et d'aller rapidement à l'analyse de l'exemple sans vous perdre dans une exposition trop laborieuse.

Cherchez donc des exemples tirés de faits sociaux, historiques ou d'œuvres classiques, par exemple littéraires ou cinématographiques. Par « classiques », je veux dire qu'il faut choisir des œuvres que tout le monde, et notamment votre correcteur, connaît au moins de réputation. À l'inverse, des œuvres à la notoriété très limitée ne sont pas forcément des bons choix (même si vous les considérez comme « absolument incontournables »).

En somme, ne soyez pas snob : parlez de ce que tout le monde connaît et peut comprendre facilement.

E Les exemples philosophiques

Il reste un dernier type d'exemples, et ce sont certainement ceux qu'il faut privilégier : les exemples philosophique, c'est-à-dire des exemples qui ont été présentés et analysés par des philosophes eux-mêmes.

Il y en a de toutes sortes :
- **certains sont des mythes ou des récits** (par exemple l'anneau de Gygès par Platon ou l'histoire du bateau de Thésée) ;
- **d'autres sont des expériences de pensée** (par exemple les dilemmes du tramway déjà évoqués dans le chapitre 2 – voir p. 37 –, ou la machine à expériences de Robert Nozick) ;
- ou enfin **certains sont simplement des exemples particulièrement marquants que divers philosophes ont pris** (typiquement le morceau de cire de Descartes ou la veste de laine d'Adam Smith).

Sur tous ces exemples, n'hésitez pas à aller regarder mes différentes vidéos :

- **« Gyengbokgung et le bateau de Thésée » Grain de philo #8**
https://youtu.be/_8DW9L-W73U

- **« La machine à expériences de Robert Nozick » Argument frappant #7**
https://youtu.be/2FVwXaNWPQ0

- **« Adam Smith (1/2) – Le paradoxe de la veste de laine » Grain de philo #5**
https://youtu.be/azNw7Vx1R8o

Ce type d'exemple est parfait parce que c'est à la fois un exemple et une référence philosophique qui, si vous la maîtrisez, vous suggérera probablement beaucoup d'idées pour développer votre réflexion sur le sujet.

5 4e conseil : comparez la formulation du sujet à des formulations voisines

A Envisagez un angle différent...

Mon dernier conseil est un peu plus technique mais il peut vraiment faire la différence entre une copie passable et une copie excellente : **comparez la formulation du sujet à des formulations voisines.**

En effet, pour avoir une lecture précise du sujet, il est souvent utile d'imaginer comment il faudrait traiter des sujets légèrement différents, justement pour ne pas y tomber.

EXEMPLE

Si le sujet est **« Faut-il chercher à tout démontrer ? »** (Bac 2004), il peut être intéressant de réfléchir en quoi ce sujet diffère de « Faut-il tout démontrer ? ». Pour traiter ce dernier, on pourrait conclure sur la nécessité de poser des axiomes, des points de départ aux démonstrations.

Et cela signifie donc qu'il ne faudra pas nous en tenir à cela pour traiter le sujet « Faut-il chercher à tout démontrer ? » : **il est important de marquer la nuance entre les deux formulations.**

Cela pourrait ainsi vous amener aux considérations suivantes : en dépit de la nécessité de poser des axiomes comme point de départ de toute démonstration, il reste peut-être pertinent de vouloir les démontrer, de vouloir toujours remonter plus loin, parce que c'est ainsi que la connaissance mathématique a toujours pu progresser…

À ce sujet, vous pouvez regarder ma vidéo **« L'axiomatique – Les Éléments d'Euclide » Grain de philo #14 (Ep.4).**

https://youtu.be/enZpq8jvFEs

B ... pour traiter le sujet dans sa spécificité

En comparant ainsi le sujet à des sujets voisins, vous pouvez faire en sorte de montrer que votre dissertation va traiter le sujet posé dans sa spécificité ; et c'est quelque chose qui est énormément apprécié dans une copie de dissertation. **Cela montre que vous avez un véritable esprit de finesse.**

Une méthode assez simple pour chercher des sujets voisins est d'inverser les termes ou de renverser la formulation.

EXEMPLE

Par exemple, face au sujet **« La liberté est-elle menacée par l'égalité ? »** (Bac 2011), vous pouvez vous demander en quoi ce sujet diffère de « L'égalité est-elle menacée par la liberté ? » : prenez garde à ne pas traiter ce second sujet (qui est plus facile) en essayant de traiter le premier.

LA DISSERTATION

La conclusion de Monsieur Phi

Conseil 1 : explicitez les termes et expressions du sujet et envisagez différentes interprétations.

Conseil 2 : soyez attenti(ve) aux présupposés et à tout ce que le sujet suggère implicitement.

Conseil 3 : cherchez de bons exemples. Privilégiez les exemples issus d'une culture générale commune avec votre correcteur ; ou mieux encore : les exemples tirés d'œuvres philosophiques.

Conseil 4 : comparez la formulation du sujet à des formulations voisines afin d'en dégager la spécificité.

S'entraîner pour le bac

Analysez le sujet en tâchant d'appliquer les quatre conseils proposés dans ce chapitre.

Sujet

Faut-il préférer le bonheur à la vérité ? (Bac 2006)

Corrigé

1er conseil : explicitez les termes et envisagez différentes interprétations du sujet.

Comme nous l'avons vu dans le chapitre 3, **il s'agit d'un sujet en « Faut-il... ? »** et nous pouvons envisager une interprétation en termes d'obligation morale ou de nécessité.

Selon l'interprétation morale (qui semble la plus pertinente), il s'agirait de savoir si une préférence pour le bonheur contre la vérité est bonne, si elle peut être moralement justifiée.

Selon l'interprétation en termes de nécessité, le sujet reviendrait à demander : « Sommes-nous incapables de ne pas préférer le bonheur à la vérité ? » Et pour mieux comprendre en quoi cette question est pertinente, **il faut se pencher sur l'explicitation de la notion de bonheur.**

En son sens le plus ordinaire, le bonheur serait en gros un état de satisfaction durable. Mais la notion de bonheur en philosophie peut renvoyer à l'idée plus précise de fin en soi : le bonheur serait la fin que l'on vise pour elle-même et non comme un moyen pour autre chose. Et en ce sens le bonheur serait, par définition, ce qu'on préfère toujours, puisque c'est ce qui est ultimement visé par toute préférence.

Cette interprétation permet de justifier pourquoi il serait nécessaire de préférer le bonheur à la vérité. Ce serait en effet une sorte de nécessité psychologique : le bonheur est ce qui, de toute façon, motive ultimement toute préférence.

L'aspect moral de la question reste le plus important, mais envisager la question sous l'angle de la nécessité a permis ainsi de dégager quelques idées intéressantes qui pourront servir dans la dissertation.

Le dernier terme à expliciter est celui de **« vérité »**. Dans le contexte de ce sujet, le plus important semble être de **l'analyser en opposition à l'idée d'illusion.**

En somme la meilleure reformulation que l'on puisse donner de la question serait : **« Est-il moral de préférer un bonheur dans l'illusion à une vérité qui nous rendrait malheureux ? »**

2e conseil : repérez les présupposés et tout ce que le sujet suggère implicitement.

Le sujet présuppose une incompatibilité entre bonheur et vérité (au moins dans certains cas) : il ne serait pas toujours possible d'obtenir l'un et l'autre à la fois, d'où la nécessité de préférer l'un à l'autre, de faire un choix entre le bonheur dans l'illusion ou la vérité qui fera votre malheur. Si l'on niait ce point, il semblerait en effet que la question n'ait plus de sens.

Donc pour bien comprendre ce sujet, il faudra tâcher d'interpréter ce point : **quels sont ces cas où bonheur et vérité s'opposent et nous demandent de faire un choix ?**

Autre implicite du sujet : il semble suggérer qu'il est tout au moins possible de préférer le bonheur à la vérité. Si l'on ne le pouvait pas, il serait très étrange de demander si l'on doit le faire.

3e conseil : cherchez de bons exemples.

Puisqu'un présupposé important du sujet était l'opposition entre un bonheur reposant sur une illusion et une vérité qui au contraire rendrait malheureux et la possibilité de choisir entre l'un ou l'autre dans certains cas, **la meilleure chose pour illustrer le sujet serait de réfléchir à partir d'un exemple mettant justement en scène un tel choix.**

Un exemple très classique serait celui de **la pilule rouge ou bleue offerte à Neo dans le film *Matrix*.** (C'est une référence que tous les profs de philo connaissent, vous pouvez en être sûr(e) !) Prendre la pilule rouge, c'est affronter la vérité déplaisante d'un monde où l'humanité est réduite à l'esclavage par des machines qui la maintiennent dans une réalité virtuelle (la matrice) ; prendre la pilule bleue, au contraire, c'est rester dans l'illusion confortable. Le cas de Cypher dans *Matrix* est particulièrement intéressant par rapport au sujet puisque c'est un personnage qui, après avoir connu la vérité du monde qui l'entoure, considérant que cela ne lui apporte que du malheur, choisit plutôt d'être replongé dans une illusion de réalité qui le rendra heureux. Est-ce moralement justifié ?

Un exemple meilleur encore serait celui de **la machine à expériences du philosophe Robert Nozick** qui se présente de la façon suivante : voudriez-vous vous brancher à une machine qui vous donnerait, pour le reste de votre vie, une suite d'expériences maximisant votre bonheur tel que vous le concevez ? Nozick fait remarquer que la plupart des gens refuseraient d'être branchés sur une telle machine, et cela interroge l'idée que nous agissons toujours en vue du bonheur : si tel était le cas, il n'y aurait aucune raison de refuser de se brancher à la machine à expériences.

Ces deux cas illustrent, de façon particulièrement claire et parlante, le problème que soulève le sujet « Faut-il préférer le bonheur à la vérité ? ».

4e conseil : comparez la formulation du sujet à des formulations voisines.

Nous pouvons appliquer la méthode d'inversion des termes pour comparer le sujet à ses formulations voisines : **considérez le sujet alternatif « Faut-il préférer la vérité au bonheur ? »** ; à la réflexion, ce serait une formulation attendue pour ce type de question. En effet, si l'on doit choisir entre une pilule bleue d'illusion confortable et une pilule rouge de vérité déplaisante, il semble que l'on puisse surtout se demander s'il y a une obligation morale à prendre la pilule rouge de la vérité plutôt que la bleue ; et si l'on songe à prendre la pilule bleue de l'illusion, on se demanderait plutôt si c'est moralement permis, et non si c'est moralement obligatoire.

Or, vu la tournure du sujet « Faut-il préférer le bonheur à la vérité ? », cela semble bien être équivalent à **« Est-ce moralement obligatoire de choisir l'illusion heureuse contre la vérité ? »** ; à ce titre, c'est une question tout à fait étrange.

Il serait intéressant de souligner l'étrangeté de la formulation du sujet au cours de votre dissertation, et pourquoi pas tâcher même de soutenir vraiment l'idée d'une obligation morale de choisir l'illusion heureuse. Ce serait une thèse assez forte et originale, et elle aurait l'avantage de répondre bien spécifiquement au sujet.

6

CONSTRUIRE UN PLAN

1 Une forme en trois parties

A Soyez poli(e) : faites trois parties

Beaucoup d'élèves se font du plan de dissertation une idée très simple :

1. Thèse (Oui)
2. Antithèse (Non)
3. Synthèse (ou foutaise, selon certaines versions)

C'est une caricature largement incomplète, mais elle représente correctement au moins un aspect d'une bonne dissertation : c'est en trois parties. Et en effet, pour la dissertation de philosophie, les plans en trois parties sont à préférer. C'est une convention tout à fait arbitraire, j'en conviens, mais elle est établie, et donc attendue.

Mieux vaut suivre cette convention si vous ne voulez pas donner à votre correcteur l'impression que vous vous fichez tout à fait de la méthodologie.

B Faut-il trois sous-parties ?

La question de savoir s'il faut trois sous-parties pour chaque partie est souvent posée par les élèves. Mais des recommandations formelles aussi pointilleuses ne sont pas pertinentes pour une dissertation de philosophie.

Nous ne sommes pas obsédés par la tripartition au point de vouloir trois sous-parties par partie. Et pourquoi pas trois phrases par sous-partie ?

L'important est que votre partie développe une argumentation de la façon la plus claire possible et qu'elle suive une progression logique. N'hésitez pas à l'étoffer en développant un ou plusieurs exemples (tant que cela n'envahit pas trop le développement qui ne doit pas consister en une liste d'exemples). Et revenez régulièrement à la ligne pour aérer votre texte et faciliter la lecture. Vous avez autant de papier que vous le souhaitez, profitez-en !

Enfin, ne vous lancez pas dans la rédaction du développement sans avoir écrit un **plan détaillé** qui précise quels **arguments** et quels **exemples** vous allez présenter successivement dans chaque partie.

Un développement réussi ne s'improvise pas.

C Peut-on faire un plan en deux ou quatre parties, voire pas de plan ?

Si vous annoncez un plan en deux parties (ce qui peut se faire aussi), votre correcteur aura *a priori* l'impression que vous vous êtes contenté(e) du strict minimum. Et ne pas faire de plan du tout (c'est-à-dire présenter un développement en une seule grosse partie), cela revient à avouer que vous n'avez jamais mis les pieds en classe ni ouvert un seul livre pour vous préparer à l'épreuve.

Enfin, si vous êtes tenté(e) par un plan en quatre parties, il sera sans doute possible d'en réunir deux petites en une seule de façon à obtenir un plan en trois parties, même de tailles inégales, c'est préférable.

D Chaque partie doit répondre

N'allez pas croire toutefois qu'il suffit de découper son développement en trois bouts à peu près égaux. Tout morceau du développement ne fera pas forcément une partie.

Et pour le comprendre il faut énoncer une règle cruciale, la règle d'or de la dissertation : chaque partie doit répondre.

Autrement dit, **chaque partie doit traiter la question du sujet sous un certain angle et envisager une argumentation pour y répondre.** Et donc un bout de développement sans argumentation en lien avec la question, même isolé entre deux sauts de lignes, cela ne formera pas une partie de dissertation en bonne et due forme.

E Ne divisez pas le sujet

L'erreur classique que commettent beaucoup d'élève est de diviser le sujet : **c'est-à-dire traiter dans plusieurs parties isolées différentes notions du sujet, au lieu d'y répondre entièrement dans chaque partie.**

EXEMPLE

Par exemple, pour le sujet **« Faut-il préférer le bonheur à la vérité ? »** (Bac 2006), un élève peut croire bien faire en consacrant sa première partie à expliquer ce qu'est le bonheur, la deuxième partie à expliquer ce qu'est la vérité, avant d'en venir, en dernière partie, à traiter la question tout entière. En divisant ainsi le sujet, l'élève n'aura écrit qu'une seule vraie partie de dissertation, la dernière : c'est en effet la seule où l'on trouvera une argumentation qui réponde au sujet. Les deux premières parties n'y répondent pas.

Il faut absolument éviter ce genre de plan qui divise le sujet ! Chaque partie doit répondre à la question tout entière.

2 Trois parties : trois argumentations (ou plus)

Dire qu'il faut trois parties, cela ne revient donc pas à dire qu'il faut trois morceaux de développement distincts. Il faut comprendre plus précisément que l'on veut trouver au moins trois argumentations différentes traitant la question (et éventuellement davantage, parce que vous pourrez toujours rassembler plusieurs argumentations proches dans une même partie).

Les argumentations des différentes parties peuvent différer parce qu'elles n'iront pas dans le même sens, ou bien parce qu'elles n'envisagent pas la question sous le même angle (elles peuvent traiter deux interprétations différentes de la question, par exemple).

3 Travaillez les liens entre les parties

A Ne pas sauter du coq à l'âne

Le lien entre les différentes argumentations des différentes parties est très important : il vaut mieux que les choses se suivent de façon naturelle, que l'on ne saute pas du coq à l'âne. Et il y a effectivement une tension entre le fait qu'on veuille trois parties distinctes avec trois argumentations différentes, et le fait qu'on veuille aussi que l'ensemble du développement ait une unité et se suive logiquement.

Comment faire une partie qui argumente une certaine réponse à la question et une autre partie qui argumente une réponse en sens contraire ? (ce qu'on appelle parfois une partie thèse et une partie antithèse).

Si vous vous contentez de juxtaposer vos parties,
cela donnera l'impression que vous êtes un peu fou (folle) :
vous dites sans transition une chose puis son contraire. Pourquoi ?

Vous pouvez faire ce qu'on appelle un paragraphe de transition, c'est-à-dire un petit paragraphe isolé par des sauts de lignes entre les deux parties. Mais ce simple subterfuge de mise en pages ne suffit pas : un paragraphe de transition entre le coq et l'âne n'empêche pas votre copie de passer du coq à l'âne. Si votre plan est mal pensé, des paragraphes de transition n'y changeront pas grand-chose.

B Réussir la transition entre la thèse et l'antithèse

Ce qu'il faut pour rendre naturel et logique le passage d'une partie thèse à une partie antithèse, c'est **justifier ce passage par une critique de l'argumentation de la partie thèse.**

Notez bien que ce que j'appelle « thèse » ici, ce n'est pas forcément la réponse « oui » à la question du sujet ; cela peut être une réponse « non » ; et dans ce cas, c'est l'antithèse qui sera la réponse « oui ». C'est l'ordre dans lequel les réponses se présentent qui fait de l'une la thèse et de la suivante l'antithèse.

C Mais comment choisir la thèse et l'antithèse ?

Puisqu'il faut passer par une critique de la thèse avant de passer à l'antithèse, vous pouvez réfléchir de la façon suivante : **entre les deux argumentations en sens contraire que vous souhaitez développer, réfléchissez à celle qui vous paraît la plus faible,** celle sur laquelle vous avez le plus d'objections et d'éléments critiques à faire valoir, et vous présenterez dans l'ordre :

- cette première argumentation faible (qui sera donc la thèse) ;
- puis la critique des faiblesses de cette argumentation ;
- puis l'argumentation en sens contraire (qui sera donc l'antithèse).

De cette façon, chaque élément appelle le suivant de façon logique.

De façon générale, votre première partie sera bien souvent celle dans laquelle vous défendrez la position qui vous semble, en fin de compte, la plus faible.

Ne dépensez pas vos meilleures munitions dès la première partie !

LA DISSERTATION

4 Les différents types de plans

A Oui / mais / non

Cela vous donne déjà une première idée de type de plan en trois parties :

1. **thèse ;**
2. **puis critique de la thèse ;**
3. **enfin antithèse.**

Autrement dit, c'est un plan en **« oui / mais / non »**.

Ce type de plan peut tout à fait fonctionner mais, à moins que vous ayez énormément de matière pour chacune des parties, cela fait généralement des copies un peu maigres.

Bien souvent il est préférable d'intégrer la critique à l'une des deux parties. En somme, si votre partie thèse est un peu légère, vous pouvez l'étoffer en y incluant cette dimension critique ; ou, dans l'autre sens, vous pouvez faire une deuxième partie qui commence par critiquer la thèse puis, dans la foulée, développe l'antithèse.

Ainsi, au lieu de trois parties « oui / mais / non », vous aurez deux parties : « oui mais / non » ; ou bien « oui / mais non ».

Mais que faire alors en troisième partie ?

B Jouer sur l'interprétation de la question

Notez bien déjà qu'il n'y a rien d'obligatoire à ce que les deux premières parties opposent thèse et antithèse. **Vous pouvez aussi avoir deux parties qui diffèrent non pas dans le sens oui ou non de l'argumentation mais dans l'interprétation qui est faite de la question.**

Vous auriez ainsi une première partie qui traite la question sous un certain angle, selon un certain sens, et une deuxième partie qui la traite sous un autre angle, selon un autre sens. (Et c'est notamment pour cette raison que dégager différents sens de la question quand on analyse le sujet est une étape importante.)

Mais là aussi, passer d'une interprétation à l'autre de la question pourrait sembler assez illogique : pourquoi changer brusquement le sens de la question ? Pour que la transition soit à peu près logique et naturelle, il va falloir que la réponse que vous faites à la première interprétation vous amène logiquement et naturellement à envisager la seconde.

EXEMPLE

Pour une question de forme « Peut-on *x* ? », si les deux interprétations en termes de capacité et de permission morale vous semblent assez intéressantes pour mériter une partie chacune, il est assez facile de passer de l'une à l'autre. Par exemple, vous commencez par vous demander si l'on est capable de *x*, et une fois ce point établi vous en venez à vous demander : est-ce pour autant moralement permis de le faire ? Il est plus facile de faire le lien dans ce sens-là que dans le sens contraire (passer de l'interprétation morale à l'interprétation en termes de capacité).

Peut-on faire trois parties qui traitent trois différentes interprétations de la question ? C'est une possibilité, en effet. La principale difficulté sera alors de veiller à bien lier ces différentes interprétations de façon à éviter de donner l'impression que votre plan saute du coq à l'âne.

Vous pourriez aussi avoir un plan en « thèse / antithèse » sur les deux premières parties, suivi d'une dernière partie qui sort de cette opposition en envisageant la question sous un autre sens.

C La synthèse

Après deux parties « thèse / antithèse » (avec une critique de la thèse intégrée à l'une ou l'autre, comme expliqué précédemment), la troisième et dernière partie pourrait elle aussi développer une critique de l'antithèse. Ainsi, **ni la thèse ni l'antithèse ne seraient pleinement satisfaisantes et la troisième partie essayerait de dépasser leur opposition,** de trouver une position qui réconcilie certains aspects des deux premières parties.

C'est l'idée du fameux plan « thèse / antithèse / synthèse ». On pourrait appeler cela un plan « oui / mais non / mais en même temps oui et non ».

Je tiens à signaler que ce genre de troisième partie est le plus souvent raté et bancal. On aura l'impression que l'élève ne sait pas vraiment quoi y mettre et qu'il (elle) se contente de mélanger les deux premières et en espérant qu'il en ressorte quelque chose. Ou peut-être a-t-il (elle) cru qu'une partie synthèse ne doit être qu'un résumé des parties précédentes (car c'est le sens que prend généralement ce mot, en dehors de la philosophie) ?

Mais justement, non : **la partie synthèse, dans une dissertation en philosophie, n'est pas un résumé.** Il s'agit plutôt de montrer en quoi l'opposition entre thèse et antithèse n'était pas inconciliable, et que l'on peut embrasser l'une et l'autre (au moins en partie) sans se contredire ; en cela, **la synthèse ne se contente pas de répéter la thèse et l'antithèse.**

D Remettre en cause les présupposés à la fin de la dissertation

Enfin, la troisième partie peut aussi être l'occasion de remettre en cause les présupposés du sujet.

Chose importante : vous ne devez surtout pas les remettre en cause avant la troisième partie. Pourquoi ?

Eh bien parce que **critiquer les présupposés de la question, cela revient à dire que la question ne se pose pas en fait. Et donc, si vous le défendiez dès la première partie, il n'y aurait aucune raison pour qu'il y ait d'autres parties** de dissertation ensuite, puisque vous venez d'en rejeter le sujet. La remise en cause du présupposé ne peut donc être que la dernière chose que vous présentez dans votre développement.

Un plan en « thèse / antithèse / remise en cause du présupposé », c'est en somme un plan en « oui / non / zut », au sens de zut à la question. (Pour mieux retenir ce point, je vous encourage à remplacer « zut » par un terme plus fleuri.) Et c'est en effet un plan très classique et qui est souvent assez facile à construire. Dès que vous repérez des présupposés dans un sujet, vous pouvez dans un coin de votre tête vous demander si les remettre en cause ne vous donnerait pas la matière d'une troisième partie.

5 Comment choisir le bon type de plan ?

A Qu'avez-vous envie de présenter ?

J'ai donné quelques idées de types de plans mais je suis loin de pouvoir en faire le tour. **Mon but n'était pas d'être exhaustif mais surtout de vous montrer que l'on peut construire une large variété de plans qui reposent sur différents types de mécanismes,** par exemple opposer une thèse à son antithèse, jouer sur l'interprétation de la question, ou remettre en cause son présupposé.

Quand vous êtes face à votre sujet et que vous l'avez longuement analysé, la question qu'il faut vous poser n'est pas « Dois-je faire un plan en oui / non / zut ? », mais plutôt : « Qu'ai-je envie de présenter dans mon développement ? Quels éléments d'argumentation seraient intéressants à développer dans ma copie ? »

Vous pouvez en quelque sorte lister tous les éléments d'argumentation et de réflexion qui vous semblent pertinents. (L'analyse du sujet devrait vous avoir servi à en dégager un certain nombre.)

B Assembler les pièces du puzzle

Le jeu ensuite sera d'assembler tous ces éléments d'argumentation, ou au moins les plus intéressants, dans un ordre qui paraisse à peu près logique et qui forme un plan en trois parties. (Il est probable qu'en vous efforçant de faire cela, vous serez amené(e) à penser à de nouveaux éléments d'argumentation.)

L'ordre dans lequel présenter vos idées peut s'imposer assez naturellement.

Si vous avez des idées à développer pour remettre en cause des présupposés du sujet, vous savez que ce sera en troisième partie. Si vous avez une argumentation intéressante mais qui prête le flanc à des critiques tout aussi intéressantes à présenter, vous savez que ce sera plutôt du côté de la première partie. De là, comme un puzzle, il faut réunir les pièces de façon à construire un tout cohérent. Et vous verrez bien, rétrospectivement, si ce plan est un « oui / non / zut » ou tout autre chose.

LA DISSERTATION

La conclusion de Monsieur Phi

La règle d'or : chaque partie doit répondre. Et il est préférable de faire trois parties.

Il ne faut surtout pas diviser le sujet : si le sujet porte sur une notion A ou une notion B, ne faites pas une partie qui analyse A et une partie qui analyse B, sans que celles-ci aboutissent à une réponse à la question du sujet.

Les différentes parties doivent s'enchaîner logiquement et former un tout cohérent : il faut donc **travailler les transitions.** En particulier, le passage d'une partie thèse à une partie antithèse doit être justifié par une critique de la thèse.

La troisième et dernière partie de la dissertation peut être l'occasion de remettre en cause des présupposés du sujet. Il ne faut surtout pas le faire dès le début de la dissertation dans la mesure où cela revient à remettre en cause le sens même de la question qui est posée.

Construisez un plan détaillé, précisant quels arguments et quels exemples vous développerez dans chaque partie, avant de vous lancer dans la rédaction proprement dite.

S'entraîner pour le bac

À partir de l'analyse du sujet ***« Faut-il préférer le bonheur à la vérité ? » (Bac 2006)*** *proposée à la fin du chapitre précédent (voir p. 66), construisez un plan détaillé de dissertation.*

Corrigé

1 Commençons par lister des éléments de réflexion que l'analyse du sujet a permis de dégager.

- Interprétation morale du **sujet en « Faut-il… ? »**.

- **Distinction entre bonheur au sens philosophique** comme fin en soi (fin que l'on vise pour elle-même), **et bonheur au sens plus courant** comme état de satisfaction durable.

- Si l'on entend bonheur au sens de fin en soi, il semble nécessaire par définition de préférer le bonheur à la vérité.

- **Le sujet présuppose une opposition entre bonheur** (dans l'illusion) **et vérité** (qui rend malheureux) ; le sujet présuppose aussi la possibilité d'un choix entre l'un ou l'autre.

- Exemple du choix entre la pilule bleue ou rouge dans *Matrix* ; exemple de la machine à expériences de Nozick.

- Le sujet suggère d'examiner s'il y a non seulement une **permission morale**, mais même une **obligation morale** à préférer le bonheur à la vérité.

2 À partir de quelques-uns de ces éléments, nous pouvons déjà construire le plan d'une première partie.

La réflexion sur le bonheur comme fin en soi semble un bon point de départ dans la mesure où c'est justement une interprétation du sujet qui, bien que pertinente *a priori*, doit être écartée pour interpréter « bonheur » en un sens plus étroit. Et l'exemple de la machine à expériences de Nozick est parfait pour illustrer ce point.

LA DISSERTATION

Voici donc le plan de première partie que l'on pourrait construire sur cette idée :

Première partie

- **Définition classique du bonheur comme *fin en soi*** → nécessité de préférer le bonheur.
- **Exemple de la machine à expériences de Nozick :** la plupart des gens ne monteraient pas dans la machine alors même qu'ils reconnaissent que cette machine feraient leur bonheur.
- **Contradiction apparente entre ces deux points.**
- **Résoudre la contradiction en distinguant un autre sens de bonheur** : état de satisfaction durable. (Et l'on peut viser comme fin en soi autre chose que cet état de satisfaction durable.)
- L'exemple de la machine à expériences de Nozick semble donc illustrer un cas où l'on préfère la vérité au bonheur, compris en ce second sens.
- Qu'est-ce qui motive ce choix ? Une exigence morale ?
- **Transition vers la deuxième partie** qui abordera la dimension morale du sujet.

Si je termine cette première partie sur cette considération morale, c'est parce que je sais qu'il va falloir traiter l'aspect moral du sujet par la suite : **le « Faut-il » du sujet invite en effet à une lecture avant tout morale** ; or, dans cette première partie, nous avons plutôt répondu à la question en termes de nécessité et de possibilité. Il est temps en deuxième partie de se tourner pleinement vers la dimension morale.

3 Dans la deuxième partie, nous pourrions discuter du dernier point que l'analyse du sujet avait permis de dégager, à savoir que **le sujet semble nous demander, non pas s'il est moralement permis de préférer le bonheur à la vérité, mais si c'est moralement obligatoire :** autrement dit, commettrions-nous une faute en ne montant pas dans la machine à expériences de Nozick ? Il faudrait donc non seulement critiquer l'idée d'une exigence morale de préférer la vérité au bonheur, mais aller plus loin en argumentant en faveur d'une exigence morale de préférer le bonheur à la vérité.

Pour soutenir ce point, **on pourrait se référer à l'utilitarisme,** c'est-à-dire la théorie morale selon laquelle la meilleure action est celle qui maximise le bonheur général : choisir le bonheur, du point de vue utilitariste, devient une obligation morale (puisque cela contribue évidemment à augmenter le bonheur général).

J'ai consacré de nombreuses vidéos à l'utilitarisme que vous retrouverez dans **ma playlist « Philosophie morale ».**

https://www.youtube.com/playlist?list=PLuL1TsvlrSndG1xYLRsaNvSM46lOkOg2W

Voici donc le plan de deuxième partie que l'on pourrait construire sur ces idées :

Deuxième partie

- **Critique de la thèse soutenue à la fin de la première partie** : on ne voit pas pourquoi préférer la vérité à l'illusion serait une exigence morale. Si l'illusion ne cause aucun tort (comme c'est le cas avec la machine à expériences de Nozick), en quoi est-ce un mal de la préférer ?

- **Souligner que la formulation du sujet invite à se demander si préférer le bonheur est une obligation morale** : avons-nous un devoir de monter dans la machine à expériences de Nozick ?

- **Présenter la pensée utilitariste** : la meilleure action du point de vue moral serait celle qui maximise le bonheur général.

- **Répondre à la question du sujet d'un point de vue utilitariste** : préférer le bonheur augmente le bonheur général ; c'est donc bien une obligation morale du point de vue utilitariste.

4 Que faire en troisième partie ?

Puisque nous avons repéré des présupposés du sujet, nous pourrions envisager de les remettre en cause dans cette dernière partie.

Le premier présupposé concerne l'opposition entre bonheur et vérité : pourrait-on soutenir qu'il n'y pas de véritable bonheur dans l'illusion ? De façon plus subtile, nous pourrions défendre qu'il est en fait immoral d'acheter son bonheur au prix d'une illusion, d'un mensonge à soi-même. (On peut penser à la figure de Cypher dans *Matrix*.) Cela s'enchaîne bien avec la fin de la deuxième partie puisque cette idée constitue une critique de l'utilitarisme : **le bonheur ne serait pas tout ce qui compte du point de vue moral.** Selon l'idée de Kant, la moralité est ce qui nous rend dignes d'être heureux, mais pas forcément ce qui nous rend heureux. On peut aussi développer la pensée de Kant sur l'exigence de vérité qui est une exigence morale fondamentale chez lui.

Nous pourrions aussi, et surtout, remettre en cause l'autre présupposé du sujet : celui d'un choix possible entre illusion heureuse et vérité. En dehors des expériences de pensée qui supposent toujours un oubli artificiel, peut-on vraiment être confronté à un choix de cette sorte ? Si quelqu'un de bien informé me pose les questions : « Veux-tu être tiré de ton illusion de fidélité conjugale ? Veux-tu savoir si ta femme te trompe ? », n'est-ce pas déjà trop tard ? Être mis devant ce choix revient à être déjà tiré de l'illusion.

Sur ces idées, voici le plan de troisième partie que nous pourrions construire :

Troisième partie

- **Critique de l'approche utilitariste soutenue à la fin de la deuxième partie :** le bonheur dans l'illusion est indigne, immoral. Exemple de Cypher dans *Matrix*. Choisir l'illusion parce qu'elle nous rend heureux est une lâcheté, une trahison.

- **La moralité comme ce qui nous rend dignes d'être heureux,** et non ce qui nous rend heureux.

- **L'exigence de vérité est une exigence morale.** Ce n'est pas seulement qu'il est permis moralement de préférer la vérité : il le faut.

- **Remettre en cause le présupposé selon lequel on peut avoir le choix entre illusion et vérité :** si je ne peux pas oublier d'avoir été mis devant un tel choix, dès que le choix se pose l'illusion heureuse n'est déjà plus une option.

Ce plan n'est évidemment pas le seul plan possible pour ce sujet de dissertation : je le présente ici en tant qu'illustration de ce que l'on peut faire, et non pas comme exemple de ce que l'on doit faire en le suivant à la lettre.

L'important est d'arriver à construire un plan, à partir de vos connaissances et de vos réflexions, tel que chaque partie réponde à la question du sujet et que la progression entre les diverses parties soit naturelle et logique. Cela n'a rien de facile, il n'existe aucune recette permettant de réussir à coup sûr, et le meilleur moyen de s'améliorer reste de s'exercer sur des sujets de dissertation.

7

RÉDIGER L'INTRODUCTION

1 Terminer par où l'on commence

A Pourquoi finir par le début ?

Vous pourriez trouver surprenant que je n'aie encore rien dit de l'introduction : n'aurais-je pas dû commencer par là, puisque c'est par là que le correcteur commencera ?

Non, justement. **Plus vous reculez le moment d'écrire votre introduction** (tant que ce n'est pas en catastrophe cinq minutes avant la fin de l'épreuve), **plus il y a de chance pour qu'elle soit bonne,** et comme vous voulez écrire la meilleure introduction possible, vous devriez vouloir l'écrire le plus tard possible. Et l'on peut difficilement faire plus tard qu'en dernier, c'est-à-dire au moins après avoir construit votre plan détaillé, ou même après avoir rédigé entièrement votre développement.

B Précision et concision

Une introduction doit être précise et concise : **il faut aller à l'essentiel,** ne pas perdre une ligne, et pour cela **il est très fortement conseillé de la rédiger d'abord entièrement au brouillon.** (Je reviendrai dans le dernier chapitre sur la meilleure façon d'organiser la préparation au brouillon et la rédaction de la copie dans son ensemble.)

2 Le problème de problématiser la problématique...

A Une idée terrifiante

Beaucoup de professeurs résument l'objectif de l'introduction, voire de la dissertation tout entière, en utilisant un verbe magique et terrifiant : problématiser. **Il faut problématiser.**

Qu'est-ce que cela veut dire ? C'est qu'il faut dégager la problématique. Mais qu'est-ce qu'une problématique ? C'est ce que permet de dégager le travail de problématisation.

En somme, une problématique doit problématiser ce qu'il y a de problématique dans le sujet. Tout est clair ? Non.

Pour ma part, je n'ai pas écrit « problématique » ni « problématiser » depuis le début de cet ouvrage, et il y a une bonne raison à cela : ces termes me semblent assez... problématiques !

B Laisser de côté la problématisation...

La notion de problématisation est pour le moins obscure, en effet. Elle n'est pas comprise de la même façon par les divers professeurs des diverses matières scolaires où l'on est susceptible d'en parler (littérature, SES, histoire-géographie, philosophie) et elle tend à embrouiller ou effrayer les élèves plutôt qu'à les aider à comprendre ce qui est attendu d'eux dans une dissertation.

Pour ma part, je préfère me passer tout à fait de ce terme de problématisation ou problématique : les six chapitres précédents prouvent amplement que l'on peut tout à fait expliquer en détail la méthode de la dissertation sans l'emmêler dans ce vocabulaire ambigu.

3 Quel est l'objectif d'une introduction ?

A La dissertation : un exercice peu mystérieux

Ramené à l'essentiel, l'exercice de la dissertation n'est pas si mystérieux : **le sujet est une question formulée dans le langage ordinaire, et l'élève doit répondre à cette question d'une façon intéressante ;** en particulier, il doit pouvoir articuler au moins trois argumentations différentes pour y répondre dans les trois parties du développement. Voilà tout.

B Présenter le sujet : ni plus ni moins

L'introduction sert surtout à présenter le sujet de façon à mettre en évidence le caractère intéressant de la question posée. Il faut montrer que cette question, quand elle est comprise d'une certaine façon, est en effet une question qui soulève des difficultés et des enjeux qui méritent d'être discutés.

Voilà l'idée générale de ce que doit faire l'introduction. Si cela vous plaît d'appeler cela « problématiser le sujet », pourquoi pas ? Mais je ne vois pas ce que cela apporte.

Plutôt qu'un terme flou, retenez une idée précise : vous devez faire voir en quoi la question n'est ni bête ni simple, mais intéressante et complexe.

4 Y a-t-il une recette pour l'introduction ?

A Aucune recette magique

Devant la diversité des sujets de dissertation de philosophie qui soulèvent des difficultés très différentes, il est difficile de donner une recette de dissertation adaptée à tous les cas. Mais je vais tout de même vous présenter une recette d'introduction en **quelques étapes faciles à suivre** qui donne généralement un résultat satisfaisant sur la plupart des sujets.

Retenez bien que vous pouvez très bien vous en passer. Je ne dis pas que c'est LA recette de l'introduction, la seule à suivre ; je dis seulement que c'est UNE recette qui fonctionne très bien, et qui est assez simple et adaptée pour le niveau de la plupart des élèves de Terminale.

B De tout temps les hommes…

Ne commencez surtout pas par « De tout temps, les hommes… » ni « Depuis la nuit des temps… » :

- d'une part parce que **ce qui suit cette ouverture grandiloquente est presque toujours faux** (il n'y a pas grand-chose que les hommes aient fait de tout temps, à strictement parler) ;
- d'autre part parce que **c'est une caricature ridicule** contre laquelle à peu près tous les professeurs de philosophie mettent en garde leurs élèves, si bien qu'en tombant dedans, vous donnerez l'impression de ne connaître que la caricature de la méthodologie de la dissertation, et ce n'est pas une impression que vous voulez donner à votre correcteur.

Et de façon générale, **soyez prudent(e) avec les généralités sur l'homme : elles sont souvent creuses et maladroites.** Et notez encore qu'il n'est pas conseillé d'écrire « l'Homme » (avec un grand « H »). Mieux vaut parler des « êtres humains » ou de « l'humanité ». Même si les professeurs d'autres matières peuvent vous l'avoir recommandé, ce « H » majuscule à « Homme » (pour désigner l'ensemble des êtres humains) ne s'écrit pas en philosophie. Le terme « homme » apparaît d'ailleurs très fréquemment dans les sujets de dissertation, jamais avec une majuscule, et toujours pour désigner l'ensemble de l'espèce humaine. Le contexte suffit pour distinguer l'usage restreint à un seul sexe de l'usage étendu aux deux. On peut être opposé à cet usage du mot « homme » qui faisait dire à Simone de Beauvoir qu'« un homme sur deux est une femme » ; si vous voulez l'éviter (et j'essaye de l'éviter pour ma part), utilisez donc plutôt l'expression « être humain »

ou l'adjectif « humain » (par exemple dans l'expression « droits humains » plutôt que « droits de l'homme », comme c'est l'usage dans presque toutes les langues sauf le français).

C Étape 1 : présenter le sujet

Il faut commencer par amener et présenter le sujet, mais ne tournez pas autour du pot : **dès les trois ou quatre premières lignes, le sujet doit être clairement énoncé.** Et pour y arriver, il y a une solution toute simple mais à laquelle beaucoup d'élèves n'osent pas recourir : **vous pouvez commencer tout simplement par énoncer le sujet tel quel.**

Autrement dit, l'accroche (c'est-à-dire les quelques lignes qui précèdent et amènent l'énoncé du sujet) est facultative dans une dissertation de philosophie. Écrire une bonne accroche peut faire bonne impression, mais en écrire une mauvaise fera mauvaise impression, et la plupart des professeurs de philosophie considèrent de toute façon que cette partie de l'introduction n'a pas vraiment d'importance.

Ne vous cassez donc pas la tête sur cette première étape de l'introduction : **n'écrire aucune accroche est souvent une bonne solution.** Et surtout cela vous incitera à travailler les autres étapes de l'introduction qui, elles, ont de l'importance.

Si vous tenez tout de même à faire une brève accroche pour présenter le sujet, je vous conseillerais de commencer par un exemple ou une référence très rapide qui amène à poser la question du sujet. Mais il faut surtout que ce soit court.

Encore une fois, une introduction doit être concise et précise :
ne perdez donc pas de temps avec l'accroche.

D Étape 2 : préciser le sens des termes

Une fois le sujet énoncé, il peut être bienvenu de préciser rapidement le sens de certains termes et d'orienter ainsi l'interprétation de la question. Mais il faut avoir la main légère : **inutile de lister tous les sens et toutes les interprétations possibles, allez directement à celle qui vous semble pertinente pour commencer votre réflexion** et précisez seulement le sens des termes qui sont réellement ambigus et gagnent à être immédiatement clarifiés. Vous pouvez par exemple préciser immédiatement le sens d'un « Faut-il » ou d'un « Peut-on ».

Certains élèves ont dans l'idée que l'introduction doit avant tout servir à définir les termes, qu'il faut donc prendre soin de *tout définir*. Cette idée produit des introductions aussi longues qu'inintéressantes, et qui généralement ne sont pas même utiles dans la mesure où l'élève dans sa dissertation ne se référera pas aux définitions qu'il a lui-même énoncées.

S'il ne faut pas tout définir en introduction,
faut-il au moins définir les termes importants du sujet ?
Pas nécessairement non plus.

Les termes d'un sujet de dissertation relèvent du langage ordinaire et sont donc intuitivement compris : vous n'avez pas forcément besoin de les expliquer comme s'il s'agissait d'un langage technique ou d'une langue étrangère.

Que faut-il définir alors ? De façon générale, si vous choisissez d'exposer une définition (que ce soit dans l'introduction ou au cours du développement), cela ne doit pas être gratuit : cela doit servir immédiatement à formuler un argument.

Ainsi, les définitions que vous allez éventuellement présenter en introduction juste après l'énoncé du sujet dépendent notamment de ce que vous comptez présenter dans les étapes suivantes de rédaction où vous commencerez à argumenter : **il faut que ces définitions soient utiles aux arguments que vous allez présenter.**

Vous pouvez aussi choisir de ne pas examiner la définition d'un terme en introduction parce que vous savez qu'un examen plus précis de la définition de ce terme sera conduit dans le développement (d'où l'importance d'avoir écrit au moins le plan du développement avant de rédiger l'introduction).

L'introduction doit être concise et dense : il faut faire beaucoup en peu de mots ; pour cette raison, ce n'est pas le bon moment pour un minutieux examen de la définition d'un terme du sujet. (Le début de la première partie du développement sera souvent plus propice, par exemple.)

E Étape 3 : la réponse du sens commun (et justification)

C'est à cette troisième étape que la dissertation commence véritablement : **vous allez donner une première réponse à la question,** celle qui vous semble la plus évidente et intuitive, ce que je vais appeler **« la réponse du sens commun ».**

Et vous allez aussi justifier cette réponse par un argument ; cet argument n'a pas besoin d'être très élaboré et il peut faire écho à des argumentations que vous allez discuter de façon plus précise dans le développement.

Il vaut mieux présenter cette réponse et cet argument en marquant votre prudence, par des expressions comme « Il semble à première vue que... » ou « De prime abord, on pourrait penser que... ». Il est important de montrer que vous êtes conscient(e) que ce premier argument n'est pas irréfutable et qu'il ne résout pas d'ores et déjà la question.

F Étape 4 : objection !

Après avoir justifié une première réponse intuitive, **vous allez soulever une objection à cette première réponse.**

Pour cela, vous pouvez critiquer l'argument qui justifiait la réponse du sens commun ; vous pouvez aussi présenter un argument en sens contraire ; ou vous pouvez encore faire les deux à la fois (critiquer l'argument et présenter un contre-argument), mais il faut que cela reste assez rapide.

Ce n'est pas dans l'introduction que vous allez vous lancer dans une argumentation complexe.

Là aussi, l'objection peut faire écho à des points que vous discuterez plus en détail dans le développement.

C'est dans cette opposition entre une première réponse intuitive et une objection que vous commencez à montrer l'intérêt du sujet : cela montre qu'il n'est pas si facile de répondre puisque l'on peut opposer plusieurs argumentations sur cette question.

G Étape 5 : problème et enjeu

L'étape suivante est la plus difficile : tâchez de dégager un problème et un enjeu. (Je n'emploierai pas le mot « problématique », non.)

Mais qu'est-ce que cela veut dire, un problème et un enjeu ? En deux mots, **il s'agit de montrer en quoi répondre à la question du sujet est une tâche difficile et importante.**

Dégager un problème à partir de l'opposition entre la réponse du sens commun et l'objection, c'est expliquer en quoi il est difficile de trancher en faveur de l'une ou l'autre argumentation, et **essayer de situer sur quoi porte le désaccord à un niveau plus général.**

EXEMPLE

Par exemple, si c'est un **désaccord sur une question morale,** vous pourriez souligner qu'il ne porte pas seulement sur cette question particulière, mais plus généralement sur différentes conceptions de la moralité.

Ensuite, il est intéressant d'identifier aussi un enjeu, c'est-à-dire de souligner en quoi répondre à cette question est important : cela pourrait avoir un impact sur tel ou tel aspect de nos existences, par exemple en raison d'implications morales ou politiques. Autrement dit, **il s'agit de montrer que la question n'est pas purement abstraite et théorique mais qu'elle recèle bien une dimension concrète et pratique.**

H Étape 6 : annoncer le plan

Il est attendu que la conclusion de l'introduction s'achève sur l'annonce du plan de la dissertation, mais ne vous cassez pas la tête sur ce point : faites au plus bref et au plus simple. C'est une partie de l'introduction qui sera lue très rapidement ; cela nous permet surtout de savoir tout de suite s'il y a trois parties et d'avoir une vague idée de la direction que tout cela va prendre, mais en fin de compte c'est en lisant le développement que nous en jugerons vraiment.

N'hésitez pas y aller avec des gros sabots en écrivant : « Dans une première partie, nous verrons que… ; puis dans une deuxième partie, nous examinerons si… ; enfin dans une troisième partie, nous conclurons que… »

Vous vous demandez peut-être : qui est ce « nous » ? C'est une simple convention d'écriture ; **il ne serait pas absolument incorrect d'écrire « je », mais cela pourrait heurter certains correcteurs qui tiennent à l'usage du « nous »** plutôt que du « je ». Pour ma part, je trouve cela inutile, mais dans le doute il vaut mieux jouer le jeu du « nous » ; ce n'est pas une règle bien difficile à suivre.

I La recette de l'introduction

Voilà donc pour la recette de l'introduction en six étapes !

Son cœur, ce que vous devriez vraiment travailler en premier, ce sont les étapes 3 et 4, c'est-à-dire la construction d'une opposition entre un argument du sens commun et un contre-argument.

Ensuite, à partir de cette opposition, tâchez d'identifier un problème et, si possible, un enjeu (étape 5).

Avant cela, introduisez et précisez le sens de certains termes de façon utile (étape 2).

Amenez éventuellement le sujet à partir d'un exemple (étape 1).

Enfin annoncez le plan (étape 6).

Et vous avez votre introduction !

L'ensemble doit remplir une page et demie tout au plus.
Soyez précis(e), concis(e), et efficace.

LA DISSERTATION

5 Une bonne introduction garantit-elle d'avoir la moyenne ?

On entend parfois dire que l'introduction est de loin la partie la plus importante de la dissertation. Certains pousseront jusqu'à dire qu'avec une mauvaise introduction vous ne pouvez pas dépasser 10, tandis qu'une bonne introduction garantit d'avoir la moyenne...

À cela, j'aurais envie de répondre : du calme ! L'introduction est importante, mais elle n'est pas si importante que ça.

Le contenu de l'ensemble du développement est beaucoup plus important que la seule introduction. Si vous faites une excellente introduction mais que votre développement ne contient pas grand-chose de plus, vous aurez une très mauvaise note.

Par contre, si votre introduction est complètement ratée mais que votre développement est riche et réussi, vous aurez probablement une bonne note, moins bonne que si vous aviez réussi l'introduction de même, mais une bonne note assurément. (Je me dirai surtout que c'est dommage parce que, si vous avez réussi à construire un bon développement, c'est que vous aviez tous les éléments qu'il fallait pour faire aussi une bonne introduction, pourvu que vous ayez eu la bonne idée d'attendre d'avoir écrit votre développement et d'avoir fait le point sur toutes vos idées avant de vous mettre à écrire l'introduction. Encore une fois : plus vous l'écrirez tard, meilleure elle sera.)

En somme, ne vous faites pas une montagne de ce que doit être l'introduction. Il faut que ce soit efficace mais l'essentiel ne se joue pas là. L'essentiel ce sont les argumentations que vous allez présenter dans le développement.

La conclusion de Monsieur Phi

- **L'introduction doit être travaillée intégralement au brouillon,** et mieux vaut s'y mettre après avoir rédigé le plan détaillé du développement, ou même après avoir rédigé entièrement votre développement.

- Une introduction doit avant tout **éclairer en quoi la question du sujet est intéressante.**

- Une méthode assez simple pour mettre cet intérêt en lumière consiste à **construire l'introduction autour de l'opposition entre une argumentation de sens commun et une contre-argumentation en sens opposé.**

- L'introduction est un aspect important de votre dissertation, mais elle ne suffit pas à elle seule à déterminer si vous aurez ou non la moyenne : **le poids du développement dans la note finale reste bien plus important.** Il faut donc soigner l'introduction mais ne pas tout miser dessus !

S'entraîner pour le bac

À partir de l'analyse du sujet ***« Faut-il préférer le bonheur à la vérité ? »*** *présentée à la fin du chapitre 5* (*voir p. 66*)*, et du plan détaillé présenté à la fin du chapitre 6* (*voir p. 79*)*, construisez une introduction en suivant la méthode en six étapes.*

Corrigé

Étape 1 : présentez le sujet.

Pour l'accroche, **partir d'un exemple** est souvent une bonne idée. Pour ce sujet, il faudrait donc présenter un cas d'illusion que l'on choisirait pour se rendre heureux. Il serait tout à fait convenable de parler de la pilule rouge ou bleue de *Matrix*, mais soyons un peu plus originaux avec la référence suivante :

> Les personnages principaux du film *Eternal sunshine of the spotless mind* font le choix d'effacer les souvenirs de leurs amours passées qui les font souffrir : ils choisissent donc de se mentir à eux-mêmes pour être heureux. Est-ce un choix légitime ? Faut-il préférer le bonheur à la vérité ?

L'accroche se conclut ainsi par la citation du sujet tel quel : « Faut-il préférer le bonheur à la vérité ? »

Étape 2 : précisez le sens des termes.

Nous pouvons laisser de côté l'analyse du terme « bonheur » dans la mesure où l'on a prévu d'en parler longuement dans la première partie qui en opposera deux définitions. Par contre, il pourrait être intéressant de **souligner l'opposition entre vérité et illusion, et préciser que l'on aura une approche surtout morale** de ce « Faut-il... ? » :

> Autrement dit, est-il moral de préférer le bonheur au prix d'une illusion à une vérité qui nous ferait souffrir ?

Utiliser l'expression « Autrement dit », ou « c'est-à-dire », etc., est la façon la plus concise d'introduire une précision dans le sens d'une formule.

Cette étape où l'on précise le sens du sujet peut être beaucoup plus longue et construite ; cela dépend des sujets et des plans de dissertation.

LA DISSERTATION

Étape 3 : réponse du sens commun.

Sur cette question de préférer le bonheur à la vérité, la réponse qui semblera la plus naturelle aux uns et aux autres pourrait bien différer ; quoi qu'il en soit, il faut **choisir une première direction** et ici je choisirai la défense du « oui » :

> Il semble à première vue qu'il n'y ait rien d'immoral à choisir le bonheur même à ce prix. En effet, ce choix ne cause apparemment de tort ni à nous-mêmes ni à autrui.

La première phrase exprime la réponse qui m'apparaît comme relevant du sens commun (et notez qu'elle est formulée avec prudence : « Il semble à première vue... »), tandis que la seconde présente rapidement un argument pour la justifier.

Étape 4 : objection.

Introduisez l'objection en marquant l'opposition, par exemple avec un « Cependant » ou « Toutefois » :

> Cependant, n'y a-t-il pas une exigence morale à refuser de se mentir à soi-même ? Un bonheur dans une illusion n'est-il pas un bonheur honteux, un bonheur qu'on ne mérite pas réellement ?

Il peut être élégant de formuler ainsi l'objection sous la forme d'une question, cela rend l'introduction plus dynamique, mais cela n'a rien d'une obligation. Certaines introductions multiplient les interrogations sans queue ni tête... Soyons clairs : poser une série de questions toutes plus générales les unes que les autres n'est pas une recette miracle pour poser le problème.

Étape 5 : problème et enjeu.

Pour dégager le problème, il faut donc **expliquer pourquoi résoudre l'opposition entre les points (3) et (4) sera une tâche difficile**. Vous pouvez rattacher cette opposition au débat classique entre utilitarisme (qui attache de la valeur à la quantité de bonheur que produit l'action) et déontologisme (qui attache de la valeur au respect de principes moraux universalisables) :

> En somme, on voit s'opposer d'une part une approche utilitariste selon laquelle le bonheur est au cœur de l'exigence morale : une action est bonne dans la mesure où elle tend à rendre heureux les individus ; d'autre part une approche plus déontologique pour laquelle l'exigence de vérité serait un principe moral en soi.

Pour **dégager l'enjeu**, le plus simple est de réfléchir à certaines implications pratiques (qui peuvent annoncer des aspects du développement).

> Ceci soulève notamment l'enjeu suivant : si on justifie moralement le fait de préférer pour soi le bonheur à la vérité, cela pourrait justifier qu'on en fasse autant pour autrui, et donc justifier de mentir « pour le bien des autres ».

Étape 6 : annoncez le plan.

> Pour traiter ce sujet, nous nous pencherons dans une première partie sur l'expérience de pensée de la machine à expériences de Robert Nozick qui semble justifier la préférence de la vérité au bonheur ; puis dans une deuxième partie, nous verrons pourquoi l'approche utilitariste prescrit le choix contraire ; enfin, dans une dernière partie, nous remettrons en cause la possibilité même d'un choix entre une illusion qui ferait notre bonheur et une vérité qui nous le retirerait.

Et voilà !

Notez qu'une introduction peut tout à fait être découpée en plusieurs paragraphes : de façon générale, évitez les blocs trop gros et n'hésitez pas à aérer votre copie en revenant à la ligne. Par contre, **ne sautez de ligne que pour séparer l'introduction du développement, entre chaque partie du développement, et enfin avant le paragraphe final.**

Mais au fait, que doit-on écrire dans ce paragraphe final qui suit le développement ? C'est ce que nous allons voir dans le prochain chapitre !

8

CONCLURE

1 Conclusion du développement et conclusion de la dissertation

Pour finir, parlons rapidement de conclusion. La première chose à noter est qu'il faut **bien distinguer ce qu'on pourrait appeler la conclusion du développement,** qui correspond au dernier paragraphe de la troisième partie (si vous en faites bien trois comme les gens bien élevés), **et le paragraphe final ajouté après le développement, séparé par un saut de ligne.**

En général, les élèves appellent ce paragraphe final « la conclusion » et se fourvoient sur ce qu'il doit contenir.

La véritable conclusion, c'est la conclusion du développement, le dernier paragraphe de votre dernière partie.

2 Chaque partie doit conclure

Chaque partie doit répondre : c'est la règle d'or de la dissertation, et je ne saurais trop la répéter. Cela signifie que chaque partie doit présenter au moins une argumentation aboutissant à une certaine réponse à la question.

Puisque chaque partie argumente, chaque partie conclut : vers la fin de chaque partie, vous devriez pouvoir écrire un paragraphe exposant la réponse justifiée par l'argumentation présentée dans cette partie. (Il se peut que ce ne soit pas tout à fait le dernier paragraphe de votre partie si vous incluez ensuite une transition critique vers la partie suivante.)

Les conclusions de la première et de la deuxième partie ne sont qu'intermédiaires et n'ont pas la même importance que la conclusion de la troisième partie qui achève pour de bon le développement : c'est là que doit être exprimée votre véritable conclusion, ce à quoi l'ensemble de votre réflexion a abouti.

Pour cette raison, le dernier paragraphe du développement mérite un soin tout particulier.

3 Répondez franchement

Contrairement à une idée répandue, **il faut au terme du développement prendre position,** ne pas rester dans un « À chacun sa vérité », « Ça dépend des avis », « Ça dépend des points de vue ». Commencer sa conclusion par « Ça dépend », c'est se tirer une balle dans le pied.

Tout au contraire, **il faut défendre une réponse.** D'ailleurs vous l'avez normalement déjà fait à la fin des deux parties précédentes, et il n'y a pas de raison de ne pas en faire autant à la fin de cette dernière.

Cette conclusion de troisième partie précise le point de vue que vous aurez défendu en fin de compte. Mais cela ne signifie pas qu'il s'agit seulement de « donner son opinion » : vous devez avoir argumenté ce point de vue.

En somme, ne terminez pas par : « Et donc, mon avis personnel sur la question, c'est que… » Terminez plutôt par : « Et donc, pour les raisons X, Y et Z, que nous venons de voir, nous pouvons conclure que… » Et en cela, faites bien voir en quoi la réponse que vous justifiez est pertinente par rapport au sujet ; ou, si vous avez fait une troisième partie qui en remet en cause les présupposés, concluez en précisant pourquoi la question en fait ne se pose pas.

4 Paragraphe final

Je viens seulement de parler de la conclusion du développement, qui est incluse dans le développement. Mais ce que la plupart des élèves appellent « conclusion », c'est généralement plutôt un petit paragraphe final, séparé du développement par un **saut de ligne.**

Un tel paragraphe est en effet attendu dans une dissertation de philosophie, mais beaucoup d'élèves se fourvoient sur le rôle (en fait minime) qu'il doit jouer : ce paragraphe n'a pas d'autre rôle que de synthétiser l'ensemble du développement pour en faire ressortir l'unité et la progression.

C'est un paragraphe de synthèse, et rien de plus.

Rappelez rapidement les grandes lignes du développement, comment chaque étape a amené la suivante, jusqu'à la réponse finale apportée en fin de troisième partie. Cette synthèse permet d'apprécier la cohérence et la logique du développement que vous avez écrit : il faut montrer que vous avez bien mené votre barque.

Notez bien que cela reste un paragraphe de synthèse : **il ne doit donc contenir rien qui n'ait été présenté au cours du développement.**

Développer une nouvelle argumentation dans ce paragraphe final est très maladroit : votre correcteur aura l'impression que vous voulez faire une quatrième partie, ou que vous ne saviez pas comment insérer l'idée que vous développez ainsi à la dernière minute, alors que c'est trop tard car le développement est déjà conclu. Bref, ça fait désordre : **il n'y aucune raison de trouver un élément d'argumentation nouveau dans ce paragraphe final** qui doit seulement présenter une synthèse de ce qui précède.

5 Ouverture en conclusion ?

Une question d'élève qui revient très souvent : faut-il ouvrir en conclusion ? Ouvrir, c'est-à-dire poser une question en lien avec le sujet.

C'est quelque chose de recommandé dans d'autres disciplines, mais **ce n'est absolument pas recommandé en philosophie.** Quand on en trouve dans une copie (et c'est assez fréquent), c'est presque toujours maladroit, et même quand c'est réussi, cela n'apporte pas grand-chose.

Inutile donc de se tracasser avec l'ouverture en conclusion : consacrez votre énergie à d'autres aspects plus importants de la dissertation. La dernière phrase de votre conclusion n'a pas de raison d'être autre chose qu'un rappel de votre conclusion de troisième partie.

La conclusion de Monsieur Phi

- Les deux premières parties de votre dissertation aboutissent à une conclusion intermédiaire qui répond à la question du sujet, et **la conclusion du développement est présentée à la fin de la troisième et dernière partie.** C'est la véritable conclusion de votre dissertation, le point d'arrivée de toute votre réflexion.

- Évitez les « Ça dépend » : il faut répondre et trancher. Pour autant, il ne s'agit pas de seulement donner son opinion : **votre réponse en fin de chaque partie,** et particulièrement en fin de troisième partie, **doit être justifiée par le développement qui la précède.**

- Après le développement, séparé par un saut de ligne, **il est convenu d'ajouter un paragraphe final qui ne doit ajouter aucun élément par rapport au développement :** il s'agit seulement de faire une synthèse du développement, faisant voir son unité et sa progression.

- **Évitez l'ouverture en conclusion :** contrairement à ce qui est recommandé dans d'autres disciplines, ce tour rhétorique est plutôt mal vu dans une dissertation de philosophie.

9

S'ORGANISER ET RÉDIGER

1 Connais-toi toi-même

Comment organiser son travail durant les quatre heures que dure l'épreuve ? Donner des conseils généraux sur la gestion du temps peut être assez contre-productif dans la mesure où tous les élèves n'écrivent pas au même rythme, n'ont pas les mêmes besoins de préparation au brouillon, etc.

Il faut apprendre à vous connaître vous-même afin d'adapter votre organisation à vos capacités, et pour apprendre à se connaître **rien ne remplace l'entraînement dans les conditions de l'épreuve.** Vous devriez en avoir eu l'occasion au cours de l'année. Et si ce n'est pas le cas, il n'est jamais trop tard : il suffit d'avoir quatre heures devant soi.

Je donnerai tout de même quelques indications quant aux éléments de la dissertation qu'il vaut mieux préparer au brouillon et surtout quant à l'ordre qu'il vaut mieux suivre dans la préparation et la rédaction.

2 Écrire au brouillon ou directement au propre ?

L'introduction, avant tout, mérite d'être préparée entièrement au brouillon avant d'être recopiée au propre. C'est la partie de votre dissertation qui doit être le plus peaufinée.

Pour le reste du développement, tout rédiger au brouillon n'est pas réaliste en quatre heures (à moins que vous ne soyez capable d'écrire incroyablement vite).

Vous allez devoir vous lancer dans l'écriture du développement à partir du plan détaillé seulement. **Rédigez au brouillon tout au plus quelques passages clés** comme des débuts ou des conclusions de partie.

Le paragraphe final peut être travaillé en tout dernier, lorsque tout le reste de la dissertation a été écrit et relu, de sorte que vous avez bien en tête ce dont ce paragraphe va devoir faire la synthèse. Si vous avez le temps de le travailler entièrement au brouillon avant de le recopier, c'est préférable, mais loin d'être indispensable.

3 Dans quel ordre écrire la dissertation ?

A La méthode « classique »

Il va de soi que vous n'allez pas écrire votre dissertation au fil de la plume. La plupart des élèves un tant soit peu sérieux et studieux organisent leur travail en gros de la façon suivante :

Étape 1 → au brouillon

1. Analyser le sujet
2. Construire un plan détaillé
3. Préparer l'introduction

Étape 2 → au propre

Rédiger la dissertation entièrement, de l'introduction à la conclusion.

Ce n'est pas forcément la meilleure solution car cela revient à écrire l'introduction avant de savoir exactement ce que contiendra le développement. Or, vous avez beau construire un plan détaillé, de bonnes idées s'ajouteront souvent au fil de la rédaction du développement. Il peut donc y avoir beaucoup d'améliorations entre le plan détaillé au brouillon et votre développement en fin de compte ; or, **il est toujours beaucoup plus facile de rédiger une introduction quand vous savez exactement à quoi votre introduction doit introduire.**

B Une autre méthode : terminer par l'introduction

Une meilleure solution serait donc d'écrire d'abord le développement au propre puis seulement après de travailler sur l'introduction, d'abord au brouillon, puis au propre. Autrement dit, il faudrait organiser votre travail de la façon suivante :

Étape 1 → au brouillon

1. Analyser le sujet
2. Construire un plan détaillé

Étape 2 → au propre

Sauter une page et demie et rédiger le développement

Étape 3 → au brouillon

Rédiger l'introduction et la conclusion

Étape 4 → au propre

Recopier au propre l'introduction et la conclusion

L'astuce de sauter une page et demie est à adapter selon la taille de votre écriture ; il vaut mieux voir trop large que pas assez. Au pire, si l'introduction est plus courte que prévue, cela fera quelques sauts de lignes en trop dans votre copie ; votre correcteur ne vous en tiendra pas rigueur.

D'ailleurs **il ne fait jamais de mal d'aérer les copies :** faites des paragraphes avec des alinéas (même dans l'introduction), sautez des lignes entre les parties, n'écrivez pas trop serré...

Nous avons souvent des paquets de plus de cent copies à corriger, ayez pitié de nos yeux !

4 Rédiger un paragraphe argumenté

A Comment passer de l'esquisse à la rédaction ?

La rédaction n'est pas une tâche aisée : nul n'est à l'abri d'un blocage au moment de transformer quelques lignes d'un plan détaillé en un véritable paragraphe du développement.

La façon la plus simple de passer de l'idée à la rédaction est :

- de **commencer par formuler de façon synthétique le point que vous voulez présenter** (vous pouvez aussi le formuler sous la forme d'une question à laquelle le paragraphe répondra) ;
- puis d'**expliquer et argumenter ce point,** en illustrant si possible votre propos par un exemple (mais il ne faut pas que cela occupe une place trop importante dans votre paragraphe) ;
- enfin de **conclure le paragraphe en reformulant de façon plus précise le point que vous avez défendu.**

En somme, **commencez par annoncer ce que vous allez expliquer ; puis expliquez-le** (avec éventuellement un exemple) ; **et enfin concluez en reformulant le point** (si possible de façon plus précise ou nuancée grâce aux éléments d'explication qui précèdent).

EXEMPLE

Dans le plan détaillé présenté dans le corrigé de l'exercice du chapitre 6 sur le sujet **« Faut-il préférer le bonheur à la vérité ? »** (voir p. 79), j'indiquais que le développement s'ouvrirait sur cette idée : « Définition classique du bonheur comme fin en soi. »

Ainsi, pour développer cette définition classique du bonheur comme fin en soi, je pourrais construire le paragraphe suivant :

> Selon une analyse classique du terme, le bonheur serait la seule fin en soi. En effet, toute fin que nous visons n'est pas forcément une fin en soi : cela peut être plutôt un moyen en vue d'une autre fin. Par exemple, un élève a pour fin d'obtenir son diplôme du baccalauréat, mais ce n'est pas pour lui une fin en soi : c'est plutôt un moyen en vue d'accéder aux études supérieures. À travers cette première fin (obtenir son bac), c'est en fait cette seconde fin (faire des études supérieures) qui est réellement visée. Mais nous pouvons à nouveau interroger cette seconde fin : est-elle une fin en soi ? Là encore, il semble que cela soit un moyen en vue d'une fin plus éloignée, par exemple de pouvoir faire tel ou tel métier auquel ces études supérieures préparent. Et ainsi de suite : chaque fin que nous visons semble pouvoir en appeler une autre, formant ainsi une chaîne de fins. Celle-ci doit pourtant bien s'achever sur quelque chose que nous visons, non pas comme moyen en vue d'autre chose, mais comme une fin en soi. Et ce dernier maillon nécessaire de la chaîne des fins, la seule chose que nous visons pour elle-même et non comme un moyen, ce serait précisément le bonheur.

B Rattacher son propos au sujet

Après avoir présenté un point, si celui-ci n'apporte pas clairement une réponse à la question du sujet, il est ensuite crucial de l'y rattacher explicitement.

EXEMPLE

Ainsi, le paragraphe de l'exemple page 103 ne constitue pas en soi une réponse au sujet « Faut-il préférer le bonheur à la vérité ? » ; mais il peut servir pour donner un élément de réponse, et c'est ce qu'il est impératif de montrer dans la suite du développement :

> Mais si la notion de bonheur est ainsi comprise, il semble que la question d'une préférence pour le bonheur vis-à-vis de la vérité trouve une réponse évidente : le bonheur, en tant que seule fin en soi, serait par définition ce qui justifie ultimement toute préférence. Il serait donc nécessaire de préférer le bonheur à la vérité au cas où l'un s'opposerait à l'autre. Préférer la vérité au bonheur serait une impossibilité conceptuelle.

Ce type de paragraphe qui rattache votre propos au sujet est particulièrement important, surtout en fin de chaque partie du développement ; **cela permet de faire voir en quoi votre réflexion sur la question posée en sujet progresse effectivement.**

De façon générale, votre développement progressera en alternant entre des passages présentant l'explication d'une idée ou l'argumentation d'un point de vue (le premier paragraphe en était un exemple) et des passages faisant voir en quoi ces réflexions permettent d'apporter un élément de réponse au sujet (comme ce second paragraphe).

Parfois, les deux aspects sont mêlés, mais il est important de bien garder en tête cette exigence de se rattacher régulièrement au sujet.

Introduisez chaque idée ou nouveau point de vue en soulignant son rapport à ce qui précède : est-ce une nouvelle idée dans le même sens ? dans un sens contraire ? Ou s'agit de faire voir le problème sous un autre angle ? Faites voir ces articulations aussi clairement que possible.

C Introduire des références

Si vous êtes en mesure de le faire, n'hésitez pas à introduire aussi des références ou des citations appuyant les idées que vous développez. **Notez bien que la citation de la référence ne se substitue pas à une explication ou une argumentation précise :** il faut, dans tous les cas, donner une telle explication ou argumentation, et cela reste le plus important.

EXEMPLE

Dans notre exemple, la notion de bonheur comme fin en soi renvoie à la pensée d'Aristote dans l'*Éthique à Nicomaque*. Cela peut aussi évoquer une fameuse formule de Pascal : « Tous les hommes recherchent d'être heureux [...], jusqu'à ceux qui vont se pendre. » **Expliquez ces références** et **faites voir le lien avec le propos que vous avez développé** dans les paragraphes précédents :

> C'est en ce sens qu'Aristote définissait le bonheur comme « souverain bien » ou « bien suprême » dans l'*Éthique à Nicomaque* : les termes « souverain » ou « suprême » doivent s'entendre ici au sens de « dernier » dans la chaîne des fins. C'est cette fin ultime qui commande à toutes les autres. Comme l'écrivait Pascal de façon frappante : « Tous les hommes recherchent d'être heureux [...], jusqu'à ceux qui vont se pendre. » En somme, le bonheur serait ce qui est toujours ultimement visé, toute autre fin n'étant qu'un moyen vis-à-vis de celle-ci, ce moyen pouvant même être la mort.

Il est plus facile d'écrire une dissertation si vous maîtrisez des références ; mais il est tout à fait possible d'écrire une excellente dissertation sans citer un seul philosophe.

LA DISSERTATION

Le paragraphe rédigé dans l'exemple ci-dessus est nettement moins important que les deux précédents : il ne fait pas progresser la réflexion et ne répond pas à la question du sujet, il se contente d'éclaircir l'origine de certaines idées développées par ailleurs. Vous pourriez supprimer ce paragraphe sans diminuer considérablement la qualité de votre dissertation.

Ne paniquez donc pas si vous n'avez pas de jolies citations pour accompagner une partie de votre développement : tant que votre propos est argumenté et que vous faites voir le lien avec le sujet, c'est suffisant.

Une digression mal construite pour « placer » une citation que vous connaissez par cœur mais que vous ne pouvez pas expliquer, à l'inverse, fera plutôt mauvais effet.

La conclusion de Monsieur Phi

- **Apprenez à connaître vos propres capacités** (notamment la vitesse à laquelle vous rédigez) pour trouver l'organisation la plus judicieuse des quatre heures que dure l'épreuve.

- **Travaillez l'introduction entièrement au brouillon.** Écrivez-la après avoir composé le plan détaillé du développement, ou même après avoir rédigé entièrement au propre le développement (en laissant une page et demie de libre au début de la copie).

- Pour rédiger un paragraphe argumenté, **commencez par annoncer le point que vous allez expliquer ; puis expliquez et argumentez ce point ; enfin concluez en reformulant le point** de façon plus précise et nuancée grâce aux explications précédentes.

- **Il est ensuite crucial de faire voir le lien entre le point argumenté et la question du sujet :** sans cela, ce point que vous avez développé pourrait sembler hors sujet.

- **Il est recommandé** (mais pas indispensable) **d'introduire des références philosophiques et des citations de philosophes ;** celles-ci doivent être développées et ne se substituent pas à l'argumentation proprement dite.

Sujet du bac corrigé

Pour conclure cette partie sur la dissertation, voici un exemple de dissertation entièrement rédigée traitant le sujet analysé dans les corrigés des exercices des chapitres 5 à 7.

Souvenez-vous qu'il ne s'agit pas d'un corrigé qui présenterait LA bonne façon de traiter le sujet, mais seulement UNE des multiples façons intéressantes de le traiter. Si vous vous êtes entraîné(e)s sur ce sujet de dissertation et avez abouti à des réflexions très différentes, ce n'est pas forcément un signe que votre dissertation aurait été mal notée : vous avez seulement choisi un autre traitement du sujet qui pourrait bien être tout aussi intéressant.

En somme, prenez cette dissertation pour un exemple dont vous pouvez vous inspirer, et non pour un corrigé qu'il faudrait suivre à la lettre.

Pour plus de clarté, j'indiquerai entre crochets des titres pour les différentes parties ; mais notez bien que vous ne devez pas en faire autant dans votre copie : les titres et la numérotation des parties indiqués ci-après en bleu ne doivent pas apparaître dans une dissertation de philosophie.

Sujet Faut-il préférer le bonheur à la vérité ?

Proposition de corrigé

[Introduction]

[Accroche] Les personnages principaux du film *Eternal sunshine of the spotless mind* font le choix d'effacer les souvenirs de leurs amours passées qui les font souffrir : ils choisissent donc de se mentir à eux-mêmes pour être heureux. Est-ce un choix légitime ? Faut-il préférer le bonheur à la vérité ? [Préciser le sens des termes] Autrement dit, est-il *moral* de préférer le bonheur *au prix d'une illusion* à une vérité qui nous ferait souffrir ?

[Réponse du sens commun] Il semble à première vue qu'il n'y ait rien d'immoral à choisir le bonheur même à ce prix. En effet, ce choix ne cause apparemment de tort ni à nous-mêmes ni à autrui. [Objection] Cependant, n'y a-t-il pas une exigence morale à refuser de se mentir à soi-même ? Un bonheur dans une illusion n'est-il pas un bonheur honteux, un bonheur qu'on ne mérite pas réellement ?

[Problème] En somme, on voit s'opposer d'une part une approche utilitariste selon laquelle le bonheur est au cœur de l'exigence morale : une action est bonne dans la mesure où elle tend à rendre heureux les individus ; d'autre part une approche plus déontologique pour laquelle l'exigence de vérité serait un principe moral en soi. [Enjeu] Ceci soulève notamment l'enjeu suivant : si on justifie moralement le fait de préférer pour soi le bonheur à la vérité, cela pourrait justifier qu'on en fasse autant pour autrui, et donc justifier de mentir « pour le bien des autres ».

[Annonce du plan] Pour traiter ce sujet, nous nous pencherons dans une première partie sur l'expérience de pensée de la *machine à expériences* de Robert Nozick qui semble justifier la préférence de la vérité au bonheur ; puis dans une deuxième partie, nous verrons pourquoi l'approche utilitariste prescrit le choix contraire ; enfin, dans une dernière partie, nous remettrons en cause la possibilité même d'un choix entre une illusion qui ferait notre bonheur et une vérité qui nous le retirerait.

[I – Deux définitions du bonheur : fin en soi / état de satisfaction durable – Le cas de *la machine à expériences* de Nozick]

[Définition du bonheur comme fin en soi] Selon une analyse classique du terme, le bonheur serait la seule *fin en soi*. En effet, toute fin que nous visons n'est pas forcément une fin en soi : cela peut être plutôt un moyen en vue d'une autre fin. Par exemple, un élève a pour fin d'obtenir son diplôme du baccalauréat, mais ce n'est pas pour lui une fin en soi : c'est plutôt un moyen en vue d'accéder aux études supérieures. À travers cette première fin (obtenir son bac), c'est en fait cette seconde fin (faire des études supérieures) qui est réellement visée. Mais nous pouvons à nouveau interroger cette seconde fin : est-elle une fin en soi ? Là encore, il semble que cela soit un moyen en vue d'une fin plus éloignée, par exemple de pouvoir faire tel ou tel métier auquel ces études supérieures préparent. Et ainsi de suite : chaque fin que nous visons semble pouvoir en appeler une autre, formant ainsi une chaîne de fins. Celle-ci doit pourtant bien s'achever sur quelque chose que nous visons, non pas comme moyen en vue d'autre chose, mais comme une fin en soi. Et ce dernier maillon nécessaire de la chaîne des fins, la seule chose que nous visons pour elle-même et non comme un moyen, ce serait précisément le bonheur.

[Source de la définition chez Aristote + illustration par une citation de Pascal] C'est en ce sens qu'Aristote définissait le bonheur comme *souverain bien* ou *bien suprême* dans l'*Éthique à Nicomaque* : les termes *souverain* ou *suprême* doivent s'entendre ici au sens de *dernier* dans la chaîne des fins. C'est cette fin ultime qui commande à toutes les autres. Comme l'écrivait Pascal de façon frappante : « Tous les hommes recherchent d'être heureux [...], jusqu'à ceux qui vont se pendre ». En somme, le bonheur serait ce qui est toujours ultimement visé, toute autre fin n'étant qu'un moyen vis-à-vis de celle-ci, ce moyen pouvant même être la mort.

[Conséquence de cette définition sur la question du sujet] Mais si la notion de bonheur est ainsi comprise, il semble que la question d'une préférence pour le bonheur vis-à-vis de la vérité trouve une réponse évidente : le bonheur, en tant que seule fin en soi, serait par définition ce qui justifie ultimement toute préférence. Il serait donc nécessaire de préférer le bonheur à la vérité au cas où l'un s'opposerait à l'autre. Préférer la vérité au bonheur serait une impossibilité conceptuelle.

[Objection : le cas de la *machine à expériences* de Nozick] Il semble pourtant qu'il y ait bien des situations dans lesquelles nous ferions le choix de la vérité même si celle-ci nous rend malheureux. L'expérience de pensée de la machine à expériences de Robert Nozick illustre une telle situation. Imaginez ainsi une machine à laquelle nous pourrions brancher notre cerveau de sorte que nous n'aurions plus aucun contact avec la réalité mais qui nous procurerait l'illusion d'une suite d'expériences assurant le bonheur le plus complet jusqu'à la fin de notre vie. Voudrions-nous être branchés à la machine ? Pour beaucoup de gens, ce choix n'est pas envisageable : non, nous ne voulons pas d'un bonheur à ce prix !

La machine à expériences semble ainsi un cas où nous pouvons préférer la vérité au bonheur ; en effet, celui qui choisit de ne pas être branché à la machine n'ignore pas que celle-ci pourrait le rendre parfaitement heureux ; mais on préfère affronter la vérité, si insatisfaisante qu'elle soit, plutôt que plonger dans ce bonheur tissé d'illusions.

[Nécessité de distinguer un autre sens de bonheur : état de satisfaction durable] Ceci semble en contradiction avec l'idée aristotélicienne de bonheur comme fin en soi qui a pour conséquence que ne pas préférer le bonheur est une impossibilité par définition ; mais c'est peut-être seulement parce que, dans le cas de la machine à expériences, nous prenons le terme *bonheur* en un sens plus faible, justement. Le bonheur, dans le langage ordinaire, renvoie plus modestement à l'idée d'un état de satisfaction et d'épanouissement durable ; et rien ne nécessite que nous visions comme fin en soi seulement un tel état de satisfaction. Le bonheur au sens aristotélicien n'est pas le bonheur en ce sens plus ordinaire, et la question de la préférence du bonheur à la vérité est en fait plus intéressante en ce second sens.

LA DISSERTATION

[Conclusion de 1re partie + transition vers le questionnement moral de la 2e partie] Ce que l'exemple de la machine à expériences illustre, c'est que nous pouvons viser comme une fin en soi d'être fidèles à la vérité, à la réalité, plutôt que d'accéder à l'état de satisfaction et d'épanouissement le plus durable qui soit, mais reposant sur une illusion. De là, nous pouvons nous interroger : qu'est-ce donc qui motive un tel choix ? Serait-ce une exigence morale ?

[II – Préférer le bonheur à la vérité ne cause aucun tort du point de vue moral – Du point de vue utilitariste : une exigence morale à préférer le bonheur]

[Jugement moral intuitif : il ne faut pas se mentir à soi-même] Du point de vue moral, il semble honteux de se mentir à soi-même, de se bercer d'illusions pour être heureux, comme si l'on s'abrutissait d'une drogue qui nous rendrait objectivement misérables mais subjectivement euphoriques. Fuir la réalité est perçu comme une lâcheté : nous valorisons au contraire le fait de l'affronter avec courage, si douloureuse qu'elle soit. Mais pourquoi portons-nous de tels jugements ? Pouvons-nous véritablement les justifier dans le cadre d'une philosophie morale ?

[Injustifiable dans le cadre de l'éthique minimale : c'est un crime sans victime] Il semble en fait difficile d'expliquer pourquoi préférer le bonheur à la vérité constituerait en soi une conduite immorale. Dans l'approche minimale de l'éthique que défend le philosophe Ruwen Ogien, sont considérés comme immoraux seulement les actes qui causent un tort à autrui ou qui ne respectent pas le consentement des individus ; or, le choix de se brancher à la machine à expériences, par exemple, ne cause aucun tort à autrui et respecte le consentement de l'individu (puisque lui-même consent à s'y brancher). Au nom de quoi le condamnerions-nous moralement ? Si c'est moralement un crime, ce serait typiquement un *crime sans victime* ; après tout, le seul directement concerné s'en trouve parfaitement heureux et a lui-même souhaité, en connaissance de cause, être mis dans cet état de satisfaction perpétuelle. Ce serait bien plutôt l'en empêcher qui constituerait un tort pour lui et une violation de son consentement.

Il semble donc moralement permis de préférer le bonheur à la vérité tant que cela ne porte aucun préjudice à autrui et respecte le consentement des individus ; même si nos intuitions morales nous poussent à condamner ce type de conduite comme lâche ou honteuse, nous ne devrions pas en faire un nouveau *crime sans victime*.

[Peut-on défendre une obligation morale de préférer le bonheur à la vérité ?] Mais le sujet « Faut-il préférer le bonheur à la vérité ? » a ceci de particulier qu'il n'interroge pas seulement s'il est moralement *permis* de préférer le bonheur à la vérité (ce qui pourrait en fait être formulé comme la question de savoir, dans l'autre sens, s'il faut préférer *la vérité au bonheur*) ; le sujet, si on le lit strictement, interroge s'il est moralement *obligatoire* de préférer le bonheur à la vérité. Serait-il de notre devoir de préférer le bonheur ? Serait-il immoral de préférer la vérité quand celle-ci s'oppose à notre bonheur ?

Cette position plus forte est très contre-intuitive mais nous allons voir qu'elle pourrait bien se soutenir si l'on envisage la question sous l'angle utilitariste.

[Présentation de l'utilitarisme] L'utilitarisme est une théorie introduite par Jeremy Bentham à la fin du XVIIIe siècle, et qui aura une grande influence sur la pensée contemporaine aussi bien en économie et en politique qu'en philosophie morale. L'idée de base en est simple : le bonheur est moralement souhaitable. Il en suit donc qu'il faut maximiser la somme totale de bonheur dans le monde, ce que les utilitaristes appellent le *bonheur général*. Une action est donc bonne dans la mesure où elle tend à *maximiser* le bonheur général, tandis qu'elle sera mauvaise dans la mesure où elle tend à le diminuer.

[Conséquence de cette théorie sur la question du sujet] D'un point de vue utilitariste, non seulement il est permis moralement de préférer le bonheur à la vérité, mais cela constituerait même une obligation morale : lorsque vérité et bonheur s'opposent, il est proprement *immoral* de choisir cette vérité qui diminue notre bonheur. Ainsi, il semble que se brancher à la machine à expériences soit, du point de vue utilitariste, la meilleure des actions possibles : il est moralement obligatoire de maximiser le bonheur général, et de façon évidente cela exige de préférer le bonheur, même dans l'illusion, à une vérité qui nous rendrait malheureux.

[Conclusion de 2e partie : l'utilitariste répond *oui*] La pensée utilitariste est claire : il n'est pas seulement permis de préférer le bonheur à la vérité, il le faut, c'est moralement *obligatoire*. Tout simplement parce que cela maximise le bonheur général.

[III – L'exigence de vérité est une exigence morale – Remise en cause du présupposé : l'illusion heureuse n'est pas une option]

[Limite de la conclusion de 2e partie. Le cas de Cypher dans *Matrix*] Mais cette solution utilitariste est-elle vraiment satisfaisante ? Nous ne pouvons pas nous défaire si facilement de l'idée d'un devoir vis-à-vis de la vérité et de la réalité, même si cela semble difficile à justifier dans un cadre utilitariste. Le choix de se brancher à la machine à expériences pourrait d'ailleurs évoquer celui que fait le personnage de Cypher dans le film *Matrix* : plutôt qu'accepter la vie dans une réalité douloureuse, il préfère trahir les siens pour retourner dans la *matrice*, c'est-à-dire dans l'illusion, pourvu qu'on lui fasse tout oublier et qu'il y soit parfaitement heureux. « L'ignorance est une bénédiction ! » lance-t-il pour se justifier. Mais son

LA DISSERTATION

attitude nous paraît, à juste titre, immorale ; c'est une trahison, non seulement à l'égard des autres humains qui ont choisi de vivre dans la réalité, mais aussi à l'égard de la réalité elle-même.

[Kant : la moralité comme ce qui nous rend *dignes d'être heureux*] Certes, si Cypher retournait dans la matrice ou s'il se branchait à la machine à expériences, il serait parfaitement heureux, au sens où son expérience subjective serait pleinement satisfaisante et épanouissante ; mais il nous semble qu'il ne serait pas *digne* de son bonheur, et c'est pourquoi nous ne voudrions pas d'un tel bonheur. La moralité, selon Kant, n'a pas à nous rendre heureux, mais elle nous rend *dignes d'être heureux*. C'est précisément cela qui nous retient d'accepter de préférer le bonheur à la vérité : nous avons l'idée que c'est immoral, que nous n'aurions acquis ainsi qu'un bonheur indigne.

[L'exigence d'universalisation de la maxime de l'action] Mais pourquoi l'exigence de vérité pourrait-elle être considérée comme une exigence morale ? Dans une approche kantienne plutôt qu'utilitariste, une action sera considérée comme immorale dans la mesure où nous ne pourrions pas vouloir l'*universalisation de sa maxime*. Par exemple, Kant considérait que nous avons un devoir de ne pas mentir dans la mesure où si mentir était une loi universelle, la notion même de mensonge serait vidée de son sens : nous ne voulons mentir que dans la mesure où nous le faisons dans un contexte général de véracité où le mensonge fait exception.

[Le devoir de vérité chez Kant] Peut-on aborder la question de préférer le bonheur à la vérité sous le même angle ? Peut-on vouloir universaliser la maxime de l'action de se brancher à la machine à expériences ? Il est difficile de répondre à cette question tant cette notion d'universalisation de la maxime reste floue, mais il semble bien que l'on trouve généralement chez Kant une justification d'un devoir moral vis-à-vis de la vérité : si nous avons le devoir de ne pas mentir, comme nous l'avons vu, nous aurions tout aussi bien le devoir de ne pas nous mentir à nous-mêmes, et donc de préférer la vérité au bonheur.

[Critique du caractère irréaliste d'un présupposé de la question] Mais un tel choix entre vérité et bonheur peut-il réellement se poser quoi qu'il en soit ? Nous avons supposé depuis le début qu'un choix opposant le bonheur et la vérité pouvait réellement se poser et nous l'avons illustré avec des exemples très éloignés de nos expériences ordinaires, comme le choix du personnage de Cypher dans *Matrix* ou le cas de la machine à expériences de Nozick. Ce qui est remarquable dans ces cas, c'est que l'une des deux options entre lesquelles on est appelé à choisir implique d'oublier totalement que l'on a eu le choix : une fois réintégré dans la matrice, Cypher oubliera qu'il ne s'agit pas de la réalité, et de même une fois branchés à la machine à expériences nous oublierions y avoir été branchés. Or, en réalité, une telle option ne s'offre jamais à nous : quand un choix nous est offert, nous n'avons plus le choix d'oublier que ce choix nous a été offert. Et donc, lorsque s'offre à nous le choix entre apprendre la vérité qui nous rendra malheureux ou rester dans une illusion où nous étions jusque-là heureux, le simple fait de savoir que ce choix nous a été offert nous tire déjà partiellement de l'illusion heureuse : nous ne pourrons pas oublier que ce choix nous a été offert et que nous n'étions heureux que parce que nous ignorions la vérité.

[Exemple concret de choix entre une illusion heureuse et une vérité désagréable] Illustrons-le par un exemple plus prosaïque mais peut-être plus juste : supposez qu'une heure avant les résultats officiels du bac, un ami ayant appris si j'y suis admis ou non me donne le choix entre apprendre une vérité désagréable ou rester dans une illusion heureuse pour une heure de plus, puis-je véritablement choisir la seconde option ? Il m'a en fait déjà tiré de cette illusion heureuse par le simple fait de me proposer ce choix : je sais que je dois me préparer à une déception.

[Conclusion de 3e partie : impossibilité de faire le choix de l'illusion heureuse] Ainsi il semble qu'un choix entre le bonheur et la vérité ne soit jamais possible en pleine conscience, car nous sommes incapables d'oublier que le choix nous a été donné : dès lors que nous faisons face à un tel choix, l'illusion heureuse s'estompe et n'est plus une option possible.

[Synthèse finale]

[1re partie] Le bonheur au sens aristotélicien serait ce qui motive ultimement toute préférence ; pourtant nous avons vu en analysant le cas de la machine à expériences de Nozick que nous pourrions préférer ne pas être heureux si cela devait nous couper de la réalité. Nous avons alors distingué entre le bonheur comme fin en soi et un sens plus modeste de bonheur comme état de satisfaction et d'épanouissement durable. [2e partie] Nous avons ensuite examiné en quoi, du point de vue d'une éthique minimale, il semble que préférer le bonheur à la vérité ne soit pas immoral dans la mesure où cela ne cause aucun tort ; plus encore, d'un point de vue utilitariste, préférer le bonheur à la vérité quand celle-ci s'y oppose serait une obligation morale dans la mesure où cela maximise le bonheur général. [3e partie] Mais nous sommes finalement revenus à l'idée qu'il y a bien une exigence morale de vérité, et que nous pouvons certes être heureux sans y satisfaire (comme Cypher dans la matrice), mais que nous ne serions alors pas dignes d'être heureux. Pour finir, nous avons souligné que choisir le bonheur dans l'illusion suppose de pouvoir oublier qu'un tel choix nous a été donné ; or, dans des circonstances réalistes, un tel oubli semble impossible : l'illusion heureuse n'est donc jamais une option qui s'offre réellement à nous.

Exercez-vous à la dissertation

Le meilleur moyen de s'améliorer à l'exercice de la dissertation reste de s'y confronter directement : analyser un sujet, construire un plan détaillé, rédiger l'introduction, ou même la dissertation tout entière pour les plus motivés.

Se contenter de réviser vos cours ne suffit pas : il faut pratiquer.

J'ai réuni ici de nombreux sujets de dissertation tombés au baccalauréat entre 2000 et 2019. Piochez-en un au hasard, et c'est parti ! Il y a de quoi vous amuser pendant un certain temps...

Notez que, même si le programme vient de changer, la plupart de ces sujets peuvent se rattacher à des notions ou à des perspectives qui figurent encore dans le nouveau programme, et pourraient donc tout aussi bien tomber, la forme de l'épreuve étant restée exactement la même. Pour indication, les sujets sont classés par notions et perspectives, elles-mêmes classées dans l'ordre alphabétique.

Notions ou perspectives associées	Sujets
L'art	À quoi bon expliquer une œuvre d'art ? (Bac 2019) Peut-on être insensible à l'art ? (Bac 2018) Une œuvre d'art a-t-elle toujours un sens ? (Bac 2015) Les œuvres d'art éduquent-elles notre perception ? (Bac 2014) L'artiste est-il maître de son œuvre ? (Bac 2014) Faut-il être cultivé pour apprécier une œuvre d'art ? (Bac 2012) L'art peut-il se passer de règles ? (Bac 2010) Peut-on aimer une œuvre d'art sans la comprendre ? (Bac 2008)
L'art / la science	L'art est-il moins nécessaire que la science ? (Bac 2011)
L'art / la conscience	L'art transforme-t-il notre conscience du réel ? (Bac 2008)

L'art / la vérité	➡ L'art est-il un moyen d'accéder à la vérité ? (Bac 2011)
L'art / la technique	➡ L'art peut-il se passer d'une maîtrise technique ? (Bac 2010)
Le bonheur	➡ Pour trouver le bonheur, faut-il le rechercher ? (Bac 2017) ➡ Doit-on tout faire pour être heureux ? (Bac 2014) ➡ Dépend-il de nous d'être heureux ? (Bac 2010) ➡ Une vie heureuse est-elle une vie de plaisirs ? (Bac 2010) ➡ Le bonheur est-il affaire privée ? (Bac 2003)
Le bonheur / la nature	➡ Le désir est-il par nature illimité ? (Bac 2016)
Le bonheur / la raison	➡ Est-il absurde de désirer l'impossible ? (Bac 2009)
Le bonheur / l'État	➡ Les lois peuvent-elles faire notre bonheur ? (Bac 2019) ➡ Est-ce à la loi de décider de mon bonheur ? (Bac 2008)
Le bonheur / la liberté	➡ Peut-on être heureux sans être libre ? (Bac 2015)
La connaissance / la science	➡ Suffit-il d'observer pour connaître ? (Bac 2017)
La connaissance / la raison	➡ Peut-on en finir avec les préjugés ? (Bac 2007)
La connaissance / la vérité	➡ L'expérience peut-elle être trompeuse ? (Bac 2018)
La connaissance / la conscience / l'inconscient	➡ Pourquoi chercher à se connaître soi-même ? (Bac 2014)
La conscience	➡ La conscience de l'individu n'est-elle que le reflet de la société à laquelle il appartient ? (Bac 2015) ➡ Prendre conscience de soi, est-ce devenir étranger à soi ? (Bac 2003)
La conscience / la liberté	➡ Toute prise de conscience est-elle libératrice ? (Bac 2007)
La conscience / l'inconscient	➡ Est-il plus facile de connaître autrui que de se connaître soi-même ? (Bac 2008)
Le devoir	➡ Les passions nous empêchent-elles de faire notre devoir ? (Bac 2000)
Le devoir / la morale et la politique	➡ N'avons-nous de devoirs qu'envers autrui ? (Bac 2006)
Le devoir / la liberté	➡ Reconnaître ses devoirs, est-ce renoncer à sa liberté ? (Bac 2019)
Le devoir / la vérité	➡ Avons-nous le devoir de chercher la vérité ? (Bac 2012)
L'État	➡ Que devons-nous à l'État ? (Bac 2013) ➡ Doit-on tout attendre de l'État ? (Bac 2004) ➡ Tout pouvoir s'accompagne-t-il de violence ? (Bac 2001)

L'existence humaine et la culture	➡ La pluralité des cultures fait-elle obstacle à l'unité du genre humain ? (Bac 2019) ➡ La culture nous rend-elle plus humains ? (Bac 2018) ➡ Peut-on se libérer de sa culture ? (Bac 2017) ➡ Une culture peut-elle être porteuse de valeurs universelles ? (Bac 2006) ➡ Peut-on juger objectivement la valeur d'une culture ? (Bac 2006)
L'existence humaine et la culture / la nature	➡ La culture dénature-t-elle l'homme ? (Bac 2011)
L'inconscient / la connaissance / la vérité	➡ L'homme est-il condamné à se faire des illusions sur lui-même ? (Bac 2011)
L'inconscient / le bonheur	➡ Savons-nous toujours ce que nous désirons ? (Bac 2016)
La justice	➡ Éprouver l'injustice, est-ce nécessaire pour savoir ce qui est juste ? (Bac 2018) ➡ Défendre ses droits, est-ce défendre ses intérêts ? (Bac 2017)
La justice / l'État	➡ Pour être juste, suffit-il d'obéir aux lois ? (Bac 2016)
La justice / la morale et la politique	➡ Le juste et l'injuste ne sont-ils que des conventions ? (Bac 2005)
La justice / la liberté	➡ L'exigence de justice et l'exigence de liberté sont-elles séparables ? (Bac 2000)
Le langage	➡ Le langage n'est-il qu'un outil ? (Bac 2013) ➡ Le langage trahit-il la pensée ? (Bac 2009) ➡ Le langage ne sert-il qu'à communiquer ? (Bac 2005) ➡ La diversité des langues est-elle un obstacle à l'entente entre les peuples ? (Bac 2002)
La liberté	➡ Suffit-il d'avoir le choix pour être libre ? (Bac 2014) ➡ La liberté est-elle menacée par l'égalité ? (Bac 2011) ➡ Être libre, est-ce ne rencontrer aucun obstacle ? (Bac 2005) ➡ Pourquoi voulons-nous être libres ? (Bac 2005) ➡ L'idée d'une liberté totale a-t-elle un sens ? (Bac 2003) ➡ Notre liberté de pensée a-t-elle des limites ? (Bac 2002) ➡ La liberté se définit-elle comme un pouvoir de refuser ? (Bac 2001)
La liberté / l'État	➡ Être libre, est-ce n'obéir à aucune loi ? (Bac 2013) ➡ Serions-nous plus libres sans l'État ? (Bac 2012)
La morale et la politique	➡ La morale est-elle la meilleure des politiques ? (Bac 2019) ➡ Peut-on agir moralement sans s'intéresser à la politique ? (Bac 2013)

La morale et la politique / le devoir	Nos convictions morales sont-elles fondées sur l'expérience ? (Bac 2016)
La morale et la politique / la justice	Tout ce que j'ai le droit de faire est-il juste ? (Bac 2017)
La morale et la politique / la vérité	La politique échappe-t-elle à l'exigence de vérité ? (Bac 2015)
La morale et la politique / la science / l'art	La politique est-elle une science ou un art ? (Bac 2002)
La morale et la politique / l'État	Les hommes ont-ils besoin d'être gouvernés ? (Bac 2004)
La nature	Respecter la nature, est-ce renoncer à la transformer ? (Bac 2003)
La nature / la raison	Le projet de maîtriser la nature est-il raisonnable ? (Bac 2001)
La raison	Y a-t-il un mauvais usage de la raison ? (Bac 2017) Peut-on être sûr d'avoir raison ? (Bac 2009)
La raison / la connaissance	Pouvons-nous toujours justifier nos croyances ? (Bac 2016) Toute croyance est-elle contraire à la raison ? (Bac 2012) Peut-on avoir raison contre les faits ? (Bac 2011)
La raison / l'État	Les lois sont-elles l'œuvre de la raison ? (Bac 2007)
La science	La science se limite-t-elle à constater les faits ? (Bac 2013) Y a-t-il des questions auxquelles aucune science ne répond ? (Bac 2009) À quoi servent les sciences ? (Bac 2000)
La science / la connaissance	Peut-on prouver une hypothèse scientifique ? (Bac 2011) Notre connaissance du réel se limite-t-elle au savoir scientifique ? (Bac 2001)
La science / la vérité	Une vérité scientifique peut-elle être dangereuse ? (Bac 2010)
La science / la liberté	Les sciences humaines pensent-elles l'homme comme un être prévisible ? (Bac 2000)
La technique	Peut-on maîtriser le développement technique ? (Bac 2018) Qu'attendons-nous de la technique ? (Bac 2005) Peut-on être esclave d'un objet technique ? (Bac 2004)
La technique / la nature	La technique s'oppose-t-elle à la nature ? (Bac 2009)
La technique / l'existence humaine et la culture	Le développement technique transforme-t-il les hommes ? (Bac 2009)

Le temps	Est-il possible d'échapper au temps ? (Bac 2019) Faut-il oublier le passé pour se donner un avenir ? (Bac 2010)
Le temps / l'existence humaine et la culture	Suis-je ce que mon passé a fait de moi ? (Bac 2015)
Le temps / la connaissance	Connaissons-nous mieux le présent que le passé ? (Bac 2002)
Le travail	Le travail divise-t-il les hommes ? (Bac 2019) Travailler moins, est-ce vivre mieux ? (Bac 2016) Que gagne-t-on en travaillant ? (Bac 2012) Travailler, est-ce seulement être utile ? (Bac 2012)
Le travail / la conscience	Le travail permet-il de prendre conscience de soi ? (Bac 2013)
La vérité	Peut-on renoncer à la vérité ? (Bac 2018) Toute vérité est-elle définitive ? (Bac 2018) Quel besoin avons-nous de chercher la vérité ? (Bac 2006) Le dialogue est-il le chemin de la vérité ? (Bac 2003) La vérité dépend-elle de nous ? (Bac 2003)
La vérité / la connaissance	La recherche de la vérité peut-elle se passer du doute ? (Bac 2012) La recherche de la vérité peut-elle être désintéressée ? (Bac 2010)

L'EXPLICATION DE TEXTE

L'EXPLICATION DE TEXTE

Le troisième sujet proposé à l'épreuve du baccalauréat de philosophie est un texte à expliquer. **Ce texte, généralement bref** (une vingtaine de lignes), **porte sur une ou plusieurs des notions au programme de philosophie.** Il est accompagné du nom de l'auteur, du nom de l'œuvre dont il est extrait et de sa date de publication.

Les instructions officielles précisent que le candidat « n'est tenu de connaître, ni la doctrine de l'auteur, ni son œuvre, en totalité ou en partie », et qu'il doit « rendre compte d'une compréhension précise du texte et du problème dont il est l'expression ou la solution ».

L'explication de texte n'est donc pas à confondre avec le commentaire de texte : il ne s'agit pas de se servir du texte comme d'un prétexte à disserter, mais de faire comprendre son propos aussi clairement et précisément que possible, ni plus ni moins.

1

Un exercice parfois inadapté

1 Un exercice moins simple qu'il n'y paraît et souvent mal adapté

Beaucoup d'élèves sont persuadés que choisir ce sujet d'explication est une solution de facilité par rapport à la dissertation : remplir une copie double en bavardant à propos d'un texte qui ne requiert pas de connaissances préalables pour être expliqué, voilà qui semble moins effrayant que de construire toute une réflexion à partir d'une seule question vague...

Pourtant, l'exercice de l'explication est tout aussi exigeant que celui de la dissertation : la moyenne des notes sur ce sujet n'est d'ailleurs pas bien différente en général de la moyenne des notes sur les deux autres.

Mais surtout, **c'est un exercice beaucoup plus imprévisible** en raison de problèmes récurrents dans le choix des textes et le dosage de la difficulté : les textes à expliquer pour le baccalauréat sont bien souvent peu adaptés au niveau des élèves de Terminale, de sorte qu'il est très difficile pour les correcteurs d'établir une échelle de notes.

Reconnaître l'existence de ces problèmes fera grincer quelques dents mais il serait malhonnête de les nier. (La nature des épreuves n'étant pas appelée à changer dans les années à venir, il y a lieu de penser qu'ils continueront de se poser régulièrement.)

2 La difficulté de doser la difficulté

Le problème le plus récurrent est celui d'une difficulté beaucoup trop élevée pour des élèves de Terminale, mais il peut arriver aussi, tout au contraire, que le texte soit si simple et clair qu'il ne contienne presque rien d'intéressant à expliquer : les élèves en sont alors réduits à répéter des platitudes ou à utiliser le texte comme un prétexte pour réciter un cours ou se lancer dans une sorte de dissertation autour du thème du texte.

En somme, doser la difficulté d'une explication de texte pour qu'elle soit adaptée au niveau global des élèves de Terminale est très délicat, bien plus délicat que pour des sujets de dissertation.

3 Est-ce si fréquent ?

À parler franchement, sur les quatre-vingts textes tombés dans les quatre séries au baccalauréat depuis 2000, il y en a à peine une moitié dont la difficulté me semble correctement adaptée. Pour l'autre moitié, les textes présentent des défauts plus ou moins importants qui diminuent l'intérêt de l'exercice et la fiabilité de la notation. Rassurez-vous tout de même : **les correcteurs s'efforceront dans tous les cas d'établir une moyenne raisonnable,** qui ne s'éloignera pas trop de 10 ; mais lorsque la difficulté de l'exercice est ainsi inadaptée, la notation devient particulièrement incertaine et imprévisible.

Que valoriser dans des copies d'explication qui ne peuvent, en raison du choix du texte, presque rien expliquer ?

4 Pourquoi choisit-on si mal les textes ?

Ces choix de texte désastreux restent en partie un mystère à mes yeux, mais certaines contraintes pesant sur l'élaboration des sujets ne semblent pas faciliter les choses :

- le passage à expliquer doit être issu de l'œuvre d'un des auteurs au programme ;
- il ne doit pas être modifié (ni coupure importante ni réécriture) ;
- il ne doit pas s'agir d'un extrait classique souvent publié dans les manuels de philosophie.

Utiliser des textes d'œuvres philosophiques des siècles passés crée dans beaucoup de cas des difficultés de compréhension qui n'ont rien à voir avec la philosophie mais seulement avec le niveau de langue : le français d'un Descartes est difficile à lire pour les élèves car il est très éloigné de nous, tant sur le plan du vocabulaire que des tournures syntaxiques. La moitié de l'explication se transforme alors en simple épreuve de compréhension de langue…

5 Les grands auteurs n'ont pas écrit pour tomber au bac

Il est difficile d'isoler dans des œuvres souvent riches et complexes des extraits qui permettent une explication sans la moindre connaissance préalable de l'œuvre, ni de l'auteur ni du courant philosophique dans lequel il s'inscrit.

Après tout, aucun des auteurs de la liste officielle n'avait pour but d'écrire pour être compris par de futurs élèves de Terminale qui ne liraient que vingt lignes de leur œuvre.

Les extraits les plus adaptés à un tel usage sont rares et ont une grande valeur pédagogique ; aussi sont-ils souvent déjà publiés dans des manuels de philosophie, et donc peu susceptibles d'être utilisés pour le bac.

Les rédacteurs des sujets se voient ainsi contraints de déterrer ici ou là quelques passages improbables, et cela explique en partie les choix souvent malheureux qui sont faits.

6 Ne misez pas tout sur l'explication de texte

Pour toutes ces raisons, je recommande toujours aux élèves d'être très prudents avec l'explication de texte : ce n'est pas un exercice facile, même lorsque le texte est adapté à leur niveau, et rien ne garantit que le texte proposé lors du jour fatidique sera effectivement adapté.

En comparaison, la dissertation est un exercice plus accessible. Un sujet de dissertation est une question posée en langage ordinaire et tout l'exercice consiste à l'interpréter d'une façon intéressante. En outre, vous aurez le choix entre deux sujets de dissertation : si l'un vous déplaît, s'il aborde un champ avec lequel vous êtes peu familier(ère), vous pouvez toujours choisir l'autre ; pourvu que vous ayez travaillé la plus grande partie du programme, la probabilité que les deux sujets de dissertation posent de tels problèmes est très faible.

Certains élèves décident dès le début de l'année de tout miser sur le texte : ils ne s'entraîneront pas à la dissertation et prendront, quoi qu'il arrive, le sujet d'explication. J'espère que vous comprenez maintenant en quoi c'est un pari terriblement hasardeux...

7 La méthodologie de l'explication de texte

Que toutes ces mises en garde ne vous découragent pas cependant de vous préparer à l'explication de texte. **Pourvu que le texte soit raisonnablement adapté, cela reste un exercice formateur** et qui requiert une méthodologie différente de celle acquise pour le commentaire de texte en français.

Se préparer correctement aux deux exercices, la dissertation et l'explication de texte, est le meilleur moyen de mettre un maximum de chances de votre côté. Ne le négligez pas.

Au demeurant, **étudier la méthodologie de l'explication de texte est aussi l'occasion d'examiner de plus près l'étude de l'argumentation,** et les outils mis en œuvre pour cela vous seront aussi utiles pour construire vos propres argumentations en dissertation.

La conclusion de Monsieur Phi

- **L'explication de texte n'est pas un exercice plus facile et mieux noté que la dissertation.**
- **En raison de contraintes sur le choix des sujets, il arrive fréquemment que la difficulté du texte d'explication proposé au bac soit peu adaptée au niveau des élèves, ce qui entraîne des difficultés de notation pour le correcteur.**
- **Pour cette raison, il est très hasardeux de ne se préparer qu'à l'explication de texte : mieux vaut se préparer aux deux épreuves pour mettre toutes ses chances de son côté !**

L'EXPLICATION DE TEXTE

2

L'ART DE RENDRE CLAIR UN TEXTE OBSCUR

1 Expliquer *vs* commenter

Le troisième sujet du bac de philosophie est une explication de texte et non un commentaire de texte. La nuance est très importante.

❶ **Expliquer, c'est rendre clair un propos qui semble de prime abord obscur :** c'est avant tout faire entendre ce que le texte dit, ni plus ni moins.

❷ **Commenter, par contre, c'est faire entendre davantage :** c'est prendre le texte comme un prétexte, un point de départ pour une réflexion allant au-delà.

L'explication s'en tient au texte ; le commentaire s'en échappe.

Cela ne signifie pas qu'une explication se contente de répéter le texte sans la moindre imagination ni aucun élément critique ; mais cela requiert de concentrer son attention sur le texte lui-même, de ne jamais trop s'en éloigner.

2 La philosophie, ce n'est pas du français

L'explication de texte en philosophie est donc un exercice bien différent du commentaire de texte que vous avez pu pratiquer en français, non seulement parce que le type de texte auquel vous aurez affaire sera différent, mais aussi et surtout parce que les exigences et la méthode à employer sont elles aussi différentes.

Le premier conseil à donner est donc le suivant : **ne plaquez surtout pas la méthodologie du français sur l'explication de textes philosophiques.** Ne faites pas de relevés de champ lexical ni d'analyse des figures de style, cela vous desservira plutôt qu'autre chose.

3 Explication puis discussion ?

Certains professeurs recommandent de découper l'explication de texte en deux parties :

- une première partie constituant l'**explication du texte** proprement dite ;
- une deuxième partie développant une **discussion** à partir du texte. Cette seconde partie pourrait même ressembler à une dissertation prenant pour sujet la thèse du texte et s'appuyant sur ses arguments.

Mais les recommandations officielles sont claires : **cette méthodologie n'est pas à suivre.** Dans une explication de texte, **il s'agit d'expliquer le texte linéairement, en le suivant pas à pas.**

Les différentes parties de l'explication correspondront aux différentes parties du texte. Il n'y a pas lieu de découper votre travail en une partie explication et une partie discussion.

Cette méthodologie fautive correspond à une forme antérieure de l'épreuve sur texte qui ressemblait beaucoup plus à une dissertation. Mais cela n'a plus lieu d'être, officiellement.

Ceci dit, il nous est demandé d'être conciliants durant la correction du bac lorsque nous tombons sur des copies ayant suivi cette méthode : nous ne voulons pas sanctionner un élève pour avoir suivi, en toute bonne foi, la méthodologie fautive qu'un professeur lui a enseignée. Mais soyez prudent(e) : rien ne vous garantit que votre correcteur suivra cette consigne officieuse.

4 Rendre clair ce qui est obscur

Quel est l'objectif d'une explication de texte ? Selon la consigne officielle, il s'agit de « rendre compte d'une compréhension précise du texte et du problème dont il est l'expression ou la solution ».

L'objectif principal est ainsi de montrer que l'on a bien *compris* le texte, et cela suppose donc que ce texte soit quelque peu obscur : il y aura des obstacles à la compréhension que vous allez devoir lever. Cela fait partie de l'exercice.

Un texte parfaitement clair et développé ne se prêterait pas à l'explication.

Le texte à expliquer est un texte argumentatif. L'auteur y défend un point de vue, une thèse, et la première exigence sera de montrer que vous avez bien compris cette thèse ainsi que l'argumentation qui la soutient.

5 Expliciter le problème auquel le texte apporte une solution

Il faut ensuite rendre compte du problème dont traite le texte.

Comprendre l'argumentation du texte vous permet d'en **identifier la thèse,** c'est-à-dire l'idée principale qui y est argumentée. Cette thèse apporte une solution à un problème, c'est-à-dire une question philosophique plus générale, qui touche une ou plusieurs des notions au programme ; **votre tâche dans l'explication de texte est aussi d'expliciter ce problème.**

Notez bien que ce problème n'est pas toujours clairement formulé par le texte : c'est à vous de le dégager et d'en montrer l'intérêt. Là encore, cela fait partie de l'exercice.

Ne blâmez donc pas le texte pour ne pas être parfaitement clair dans son argumentation ni explicite dans les enjeux du problème dont il traite : si tel était le cas, vous n'auriez juste rien à expliquer.

6 Peut-on critiquer le point de vue de l'auteur ?

Une explication peut tout à fait contenir des éléments critiques vis-à-vis de l'argumentation de l'auteur. Vous pouvez exprimer votre désaccord avec tel ou tel point du texte (pourvu que votre désaccord soit lui-même argumenté). Mais il est important de noter aussi que **ce n'est pas l'objectif principal : le but de l'explication est d'abord de rendre compte de votre compréhension du point de vue de l'auteur.**

Il y a des critiques auxquelles l'auteur répond lui-même dans son texte ; développer ces critiques permet alors de mieux comprendre l'argumentation du texte, et c'est donc tout à fait pertinent.

Formuler une critique ou une objection à laquelle l'auteur ne répond pas, cela peut être intéressant également pour faire voir les limites du texte et de son argumentation, mais soyez modeste et prudent(e) dans sa formulation.

EXEMPLE

Par exemple, vous pouvez souligner en quoi des avancées scientifiques récentes auraient pu remettre en cause la pensée de l'auteur sur tel ou tel point, mais en soulignant que l'auteur n'avait justement pas accès à ces connaissances à l'époque où il rédigeait le texte.

7 N'attaquez pas un homme de paille

Demandez-vous si vous avez réellement compris le point de vue de l'auteur que vous critiquez ainsi, ou si ce n'est qu'un homme de paille que vous attaquez. (Attaquer un homme de paille, c'est attaquer non pas ce que l'auteur dit réellement, mais une interprétation erronée et caricaturale de son propos.)

Neuf fois sur dix, quand un élève prétend faire une objection au propos d'un auteur qui lui semble erroné, la critique passe complètement à côté de sa cible : si le propos de l'auteur lui semblait erroné, c'est seulement parce que l'élève l'a compris d'une façon erronée... Prenez garde à cet excès de confiance.

8 Présentez avant tout les raisons de l'auteur

Cela ne signifie pas que vous devez faire comme si l'auteur avait absolument raison du début à la fin du texte, cela signifie seulement que votre objectif est de présenter les raisons de l'auteur, aussi clairement et précisément que possible.

En somme, imaginez que votre correcteur ne connaît pas le texte et qu'il vous demande : « Qu'est-ce que l'auteur défend dans ce texte ? » Et plus exactement : « Par quels arguments le défend-il ? En réponse à quel problème philosophique écrit-il cela ? » Et éventuellement : « Quelles sont les limites de sa réflexion ? »

Cela ne vous engage pas à accepter aveuglément chacun des mots de l'auteur : vous devez seulement tâcher d'en rendre compte aussi fidèlement que possible. Voilà tout.

La conclusion de Monsieur Phi

- Il s'agit d'une explication et non d'un commentaire de texte, autrement dit **il s'agit de rendre le propos de l'auteur aussi clair que possible, de faire entendre ce que le texte dit** ; il ne s'agit pas de disserter à partir du texte.
- **Une explication doit suivre linéairement le texte.**
- **Le texte est toujours argumentatif** et défend une idée centrale, qu'on appelle la thèse. Elle apporte une solution à un problème philosophique. **Rendre compte de la thèse et du problème est l'exigence centrale de l'explication.**
- Il est possible de critiquer le propos du texte mais il vaut mieux le faire avec prudence et modestie.
- Souvenez-vous qu'on ne vous demande pas de déterminer si l'auteur a raison ou tort ; **on vous demande avant tout d'exposer les raisons de l'auteur.**

3

COMPRENDRE LE TEXTE

1 Trois niveaux de compréhension

La première exigence d'une explication de texte est que l'élève rende compte d'une bonne compréhension du texte.

Comprendre le texte, c'est d'abord comprendre la signification des termes employés par l'auteur. Mais cela ne suffit pas : on peut tout à fait connaître la signification de tous les mots d'une phrase et échouer à comprendre le sens de la phrase elle-même.

Comprendre le texte à un niveau plus élevé,
c'est donc comprendre le sens des phrases que l'auteur a écrites.

Mais là encore, cela ne suffit pas pour comprendre le texte tout entier. En effet, il s'agit d'un texte argumentatif ; il faut donc s'attendre à ce que les phrases du texte soient liées les unes aux autres dans une argumentation. Et c'est bien cette argumentation, exprimée par l'ensemble des phrases du texte, qu'il s'agit en fin de compte de comprendre.

On peut ainsi distinguer **trois niveaux différents** auxquels le texte peut soulever des difficultés de compréhension :

1. Niveau 1 : la signification des termes.

2. Niveau 2 : le sens des phrases.

3. Niveau 3 : l'argumentation.

Dans ce chapitre, je discuterai des deux premiers niveaux ; le troisième est le plus complexe et je le traiterai dans le chapitre suivant (voir p. 139).

2 Niveau 1 : la signification des termes

A Deux difficultés à surmonter

Il y a deux principaux points de difficulté pour la compréhension d'un texte au niveau des termes :

1. le vocabulaire philosophique ;
2. le vocabulaire inconnu.

Certains termes du texte renverront à des notions vues en cours.

EXEMPLE

Si le mot « libre » ou « liberté » apparaît dans le texte, il faudra vous souvenir de votre cours sur la liberté et des différents sens que cette notion peut prendre, par exemple la distinction entre la liberté au sens politique (liberté par rapport aux lois) et la liberté au sens métaphysique (liberté de la volonté, libre arbitre).

Et vous devrez dès lors vous demander : en quel sens l'auteur prend-il cette notion dans ce texte ?

Certains termes peuvent aussi vous être tout simplement inconnus ou tout au moins peu familiers. Le contexte peut alors vous aider à en déterminer le sens, mais vous ne pourrez pas en être certain(e). C'est un obstacle à la compréhension du texte dont vous devez tenir compte quand vous faites le choix du sujet d'explication plutôt que d'un sujet de dissertation.

Demandez-vous dans quelle mesure ce terme inconnu semble important pour saisir le sens du texte : s'il concerne un point mineur, vous pourriez le négliger et cela ne constituerait pas un obstacle à une compréhension globalement correcte du texte ; mais si cela concerne un point majeur, cela peut suffire à constituer une bonne raison d'éviter l'explication de texte, car vous risqueriez fort de commettre un contresens sur un point majeur.

Votre correcteur considérera toujours que vous avez eu le choix de prendre l'explication de texte ou non : si vous le faites, c'est que vous assumez de comprendre le texte suffisamment bien, et un contresens sur un point majeur sera difficile à excuser.

B La signification d'un terme dépend du contexte

Notez bien que la signification d'un terme dépend bien souvent de son contexte, c'est-à-dire de la phrase ou du passage où il est employé. Ce n'est pas parce que vous voyez le mot « libre » dans un texte que vous pouvez systématiquement plaquer sur celui-ci une définition philosophique vue en cours.

EXEMPLE

Si ce mot « libre » apparaît dans une expression comme « à l'air libre », il est douteux que cela renvoie à la notion philosophique de liberté.

Quand le mot « libre » est utilisé dans un contexte clairement philosophique, il faut vous souvenir que celui-ci peut prendre différents sens, et ce qui déterminera en quel sens l'auteur prend ce mot dans ce texte particulier, c'est une compréhension globale de son propos.

Ne soyez pas myope, ne lisez pas le nez collé à chaque mot : il faut comprendre les termes à partir de l'ensemble du texte.

C N'interprétez pas comme il vous plaît

Dans l'exercice de la dissertation, l'interprétation des termes du sujet offre une certaine liberté à l'élève qui doit en dégager les lectures les plus intéressantes et les plus riches pour la construction du développement ; mais l'explication de texte est très différente de ce point de vue puisqu'il faut avant tout rendre compte de l'interprétation de l'auteur.

EXEMPLE

Si l'auteur parle de « liberté » dans son texte, il entend ce terme en un sens déterminé que vous devez identifier correctement.

L'erreur est possible à ce sujet : vous pouvez croire que l'auteur parle de liberté au sens métaphysique alors qu'il n'en parle qu'au sens politique. Vous aurez beau en tirer des réflexions intéressantes sur la liberté au sens métaphysique, cela ne sauvera pas votre copie dans la mesure où cela n'expliquera pas le texte.

L'explication de texte est ainsi un exercice moins permissif que la dissertation : vous ne pouvez pas interpréter les termes comme cela vous arrange pour emmener votre copie vers les réflexions que vous jugez les plus intéressantes. Vous devez avant tout interpréter les termes du texte comme l'auteur les entend, ni plus ni moins ; l'erreur est possible (et fréquente !) et quand elle porte sur une notion centrale du texte, cela peut jeter toute l'explication de texte dans un contresens très préjudiciable.

3 Niveau 2 : le sens des phrases

A Des auteurs du passé

Les textes philosophiques sont écrits dans un langage soutenu et souvent complexe. Les auteurs du XVIIe siècle, comme Descartes, en particulier sont redoutables ! **La plupart des gros contresens commis par les élèves viennent tout simplement d'une mécompréhension de la syntaxe des phrases.** Soyez donc extrêmement attentif(ve) et méthodique dans votre lecture.

Les formulations alambiquées peuvent ressembler à des pièges, et voici quelques conseils pour éviter d'y tomber.

B Prenez garde à la double négation

L'un des pièges dans lesquels les élèves tombent le plus souvent et qui peut ruiner entièrement une explication, c'est le piège de la double négation.

Souvenez-vous que moins et moins font plus :
appliquer deux fois une négation revient à l'affirmation de départ.

Écrire : « Il est faux que les philosophes ne soient pas fous » ou encore « On ne peut affirmer sans mentir que les philosophes sont fous », cela revient bien à dire tout bonnement : « Les philosophes sont fous. »

EXEMPLE

Un sujet d'explication de texte du bac 2019 était un texte de Montaigne qui s'ouvrait sur cette expression : **« Le fait qu'on ne voit aucune thèse qui ne soit débattue et controversée entre nous… »**

Un très grand nombre de copies n'ont pas identifié la double négation (qui était d'autant plus difficile à percevoir que Montaigne ne fait pas suivre son « ne » d'un « pas », comme on le ferait usuellement en français moderne). Montaigne, ici, ne dit pas qu'aucune thèse n'est débattue et controversée en philosophie, mais au contraire que toutes le sont. Et mieux valait-il commencer son explication en comprenant ce point !

Notez aussi qu'**une triple négation (cela peut arriver) revient à une négation simple,** et ainsi de suite... « On ne peut affirmer sans mentir qu'il est faux que les philosophes ne sont pas fous » revient toujours à la même affirmation : « Les philosophes sont fous. »

C Suivez les pronoms à la trace

Les pronoms sont tous les **termes qui servent à faire référence à une autre expression du texte** (que le contexte doit permettre d'identifier). Il peut s'agir :

- de pronoms sujets (comme « il » et « elle ») ;
- de pronoms démonstratifs (comme « ceci » ou « celui-ci ») ;
- de pronoms relatifs (qui servent à introduire une proposition relative, comme « qui », « que », « quoi », « dont »), etc.

Comprendre une phrase où apparaissent des pronoms exige donc d'**identifier à quoi ils font référence :** vous devez pouvoir suivre les pronoms et les démonstratifs à la trace.

Reformuler une phrase en remplaçant les pronoms par ce qu'ils désignent peut déjà vous aider beaucoup à mieux la comprendre.

D Analysez la syntaxe

De façon générale, **quand une phrase vous semble alambiquée, efforcez-vous d'analyser sa syntaxe et de la reformuler en conséquence.** Posez-vous des questions aussi basiques que : « Quel est le sujet du verbe ? », « Quel est son complément ? », « À quoi se rattache cette proposition ? », etc.

À partir de cela, vous pourrez plus facilement découper une phrase longue et complexe en plusieurs phrases distinctes plus courtes et plus claires.

Ce n'est pas parce que les philosophes écrivent de façon alambiquée que vous devez en faire autant !

La meilleure façon de s'assurer (et de montrer au correcteur) que vous comprenez correctement une phrase du texte reste de la reformuler de façon aussi simple et précise que possible : éliminez les doubles négations, clarifiez à quoi renvoient les pronoms, et scindez-la si nécessaire en plusieurs phrases courtes et claires.

La paraphrase ne suffit pas pour expliquer ; mais une telle reformulation qui clarifie le propos et qui témoigne d'une compréhension précise, cela fait partie de ce que l'on attend dans une copie et cela vous aidera énormément pour saisir le sens du texte.

La conclusion de Monsieur Phi

- Dans une explication de texte, vous devez avant tout **faire voir que vous avez bien compris le texte.**
- **Accordez une attention particulière au vocabulaire philosophique** qui peut revêtir divers sens selon le contexte.
- Vous devez **comprendre le propos de l'auteur sans le déformer.** Si vous faites un contresens sur l'interprétation d'un terme, cela peut avoir un impact très important sur la qualité de l'interprétation.
- **Soyez aussi vigilant(e) dans la compréhension de la syntaxe des phrases** qui peut souvent être complexe dans les textes philosophiques et être à la source de nombreux contresens.
- **N'hésitez pas à reformuler le texte** de façon à simplifier et clarifier sa syntaxe. Un travail de reformulation de cette sorte ne suffit pas mais cela fait partie de ce qu'on peut attendre d'une explication de texte.

S'entraîner pour le bac

Exercice 1

Lisez attentivement la phrase suivante tirée de la *Lettre au marquis de Newcastle* de Descartes.

« Il n'y a aucune de nos actions extérieures, qui puisse assurer ceux qui les examinent, que notre corps n'est pas seulement une machine qui se remue de soi-même mais qu'il y a aussi en lui une âme qui a des pensées, excepté les paroles, ou autres signes faits à propos des sujets qui se présentent. »

1 *Reformulez en un seul mot ou une seule expression brève chacune des expressions suivantes :*

- « nos actions extérieures »
- « une âme qui a des pensées »
- « les paroles, ou autres signes faits à propos des sujets qui se présentent »

2 *Reformulez la phrase de Descartes en utilisant ses mots et en simplifiant autant que possible la syntaxe.*

Exercice 2

Lisez attentivement le passage suivant tiré de *L'Utilitarisme* de John Stuart Mill.

« C'est un fait indiscutable que ceux qui ont une égale connaissance de deux genres de vie, qui sont également capables de les apprécier et d'en jouir, donnent résolument une préférence très marquée à celui qui met en œuvre leurs facultés supérieures. Peu de créatures humaines accepteraient d'être changées en animaux inférieurs sur la promesse de la plus large ration de plaisir de bêtes ; aucun être humain intelligent ne consentirait à être un imbécile, aucun homme instruit à être un ignorant, aucun homme ayant du cœur et une conscience à être égoïste et vil, même s'ils avaient la conviction que l'imbécile, l'ignorant ou le gredin sont, avec leurs lots respectifs, plus complètement satisfaits qu'eux-mêmes avec le leur. Ils ne voudraient pas échanger ce qu'ils possèdent de plus qu'eux contre la satisfaction la plus complète de tous les désirs qui leur sont communs. »

1 *À quoi renvoient respectivement les pronoms « ils », « eux » et « leur » soulignés dans la dernière phrase ?*

2 *À quoi renvoient les expressions « ce qu'ils possèdent de plus qu'eux » et « tous les désirs qui leur sont communs » ?*

3 *Reformulez la dernière phrase du texte de la façon la plus claire et explicite possible.*

Corrigés

Exercice 1

1

- « nos actions extérieures » = notre comportement.
- « une âme qui a des pensées » = un esprit / une conscience.
- « les paroles, ou autres signes faits à propos des sujets qui se présentent » = le langage / l'usage du langage.

2 Reformulation en suivant la syntaxe de la phrase de Descartes : « Il n'y a aucun comportement qui puisse assurer ceux qui l'examinent que notre corps n'est pas seulement une machine mais qu'il y aussi en lui un esprit, excepté l'usage du langage. »

On peut encore simplifier la syntaxe tout en conservant le même sens : « Si l'on examine notre corps, le seul comportement qui puisse assurer qu'il ne s'agit pas que d'une machine mais qu'il y aussi en lui un esprit, c'est notre usage du langage. »

Exercice 2

1

- « Ils » renvoie aux trois expressions : « être humain intelligent », « homme instruit » et « homme ayant du cœur et une conscience », c'est-à-dire les personnes ayant un genre de vie qui « met en œuvre leurs facultés supérieures ».
- « eux » renvoie à « l'imbécile, l'ignorant et le gredin ».
- « leur » renvoie aux deux à la fois : à ceux qui mettent en œuvre leurs facultés supérieures, et à ceux qui ne le font pas.

2

- « Ce qu'ils possèdent de plus qu'eux » = l'intelligence, l'instruction, les qualités morales (le cœur et la conscience au sens moral) ; autrement dit les « facultés supérieures » mentionnées au début du passage.
- « Tous les désirs qui leur sont communs » = les désirs qui ne sont pas liés à l'exercice de ces facultés supérieures, autrement dit les désirs liés aux « plaisirs de bêtes » mentionnés au début de la deuxième phrase, comme le désir de manger ou de dormir.

3 Reformulation : « Les personnes exerçant leurs facultés supérieures (comme l'intelligence, l'instruction, les qualités morales) ne voudraient pas échanger l'usage de ces facultés contre la satisfaction complète de leurs désirs les plus simples comme ceux de manger ou de dormir. »

4

ÉTUDIER L'ARGUMENTATION

1 Qu'est-ce qui justifie quoi ?

Il est possible de comprendre successivement toutes les phrases d'un texte sans comprendre pour autant son argumentation.

EXEMPLE

Supposez que je dise : **« Il va sûrement pleuvoir demain. La météo a prévu de la pluie. »** Vous comprenez certainement ces deux phrases, mais vous comprenez aussi pourquoi je dis l'une puis l'autre : **la deuxième phrase est une justification de la première.** C'est parce que la météo a prévu de la pluie que je crois assez sûrement qu'il pleuvra demain. **Ce lien logique, ce lien de justification, cela relève de la structure argumentative.**

De façon générale, face au texte que vous devez expliquer, quand l'auteur écrit une première phrase A, puis une seconde phrase B, vous devez vous demander : l'auteur écrit-il A pour justifier B ? Ou au contraire est-ce B qui est présenté pour justifier A ? Ou est-ce A et B qui justifient une autre affirmation C présentée plus loin ? Y a-t-il autre chose dans le texte qui justifie A ou B ?

Étudier ainsi « qu'est-ce qui justifie quoi ? »,
c'est étudier « l'argumentation ».

S'arrêter à la compréhension des phrases du texte sans comprendre son argumentation, cela revient à décrire le texte comme une succession de phrases sans lien logique, comme si l'auteur se contentait de juxtaposer des idées les unes à la suite des autres. Or, le texte à expliquer ne se résume jamais à cette simple succession ; ce n'est pas la description d'un paysage, c'est un texte argumentatif et donc structuré par des liens logiques entre les phrases.

2 Argument = prémisses → conclusion

On peut parler d'argument dès lors qu'une ou plusieurs affirmations, appelées prémisses, sont présentées comme justifiant une autre affirmation, appelée conclusion.

Prenez garde : même s'il semble logique de formuler d'abord les prémisses, ensuite la conclusion, un argument dans un texte n'est pas forcément présenté dans cet ordre. Il est courant de commencer par énoncer une affirmation avant de présenter ce qui la justifie, donc de commencer par la conclusion avant de présenter les prémisses.

EXEMPLE

Par exemple, à nouveau : **« Il va sûrement pleuvoir demain ; la météo a prévu de la pluie. »**

Vous comprenez qu'il s'agit d'un argument dans la mesure où la prévision météo justifie de tenir pour probable qu'il pleuvra demain ; et la conclusion en est bien présentée avant la prémisse.

3 Marqueurs de prémisses et marqueurs de conclusion

Certains termes servent à signaler des liens logiques et vous devez donc y prêter une attention particulière à la lecture du texte.

On peut distinguer :

1. **Les marqueurs de prémisses :** « parce que », « puisque », « car », « en effet », etc.

2. **Les marqueurs de conclusion :** « donc », « ainsi », « par conséquent », etc.

EXEMPLE

L'argument de la météo aurait pu ainsi être formulé avec un marqueur de prémisse : **« Il va sûrement pleuvoir demain. En effet, la météo a prévu de la pluie. »** Ou bien avec un marqueur de conclusion : **« La météo a prévu de la pluie ; donc il va sûrement pleuvoir demain. »**

Mais notez bien que **de tels marqueurs ne sont pas indispensables pour formuler un argument :** le sens des affirmations elles-mêmes peut suffire à déterminer un lien logique entre elles.

EXEMPLE

Comme on l'a vu plus haut, dire tout simplement : « Il va sûrement pleuvoir demain ; la météo a prévu de la pluie » doit être compris comme un argument, même si aucun marqueur n'indique la présence d'une prémisse ou d'une conclusion.

4 Évaluer la force d'un argument

Pour évaluer la force d'un argument, vous pouvez vous poser deux questions : les prémisses sont-elles solides ? Le lien entre les prémisses et la conclusion est-il solide ?

A La solidité des prémisses

Évaluer la solidité des prémisses, c'est se demander dans quelle mesure on peut les tenir pour vraies ou tout au moins vraisemblables. Sont-elles évidentes et intuitives ? S'agit-il de faits établis aux yeux de l'auteur ?

Il se peut aussi que ces prémisses soient justifiées par un autre argument du texte : **une même affirmation peut être la conclusion d'un premier argument, et la prémisse d'un autre argument.** (Ce point sera important pour dégager la structure globale de l'argumentation.)

Une prémisse de l'argument peut aussi n'être qu'une hypothèse dont l'auteur veut étudier les conséquences sans forcément l'accepter. Soyez attentif(ve) au fait que ce qu'un auteur affirme à un moment particulier du texte ne reflète pas forcément ce que l'auteur soutient en fin de compte. (C'est particulièrement important pour comprendre les raisonnements par l'absurde, par exemple. Ce point sera abordé un peu plus loin dans le chapitre.)

B La solidité du lien des prémisses à la conclusion

Pour évaluer la solidité d'un argument, vous devez ensuite évaluer la solidité du lien entre les prémisses et la conclusion. Autrement dit, **il s'agit de savoir dans quelle mesure le fait de tenir les prémisses pour vraies augmente le degré de confiance avec lequel il faut tenir la conclusion pour vraie elle aussi.**

EXEMPLE

Par exemple, si je tiens pour certainement vrai que la météo ait effectivement prévu de la pluie, je tiendrai qu'il pleuvra demain avec un degré de confiance assez élevé ; **cet argument est donc plutôt solide, mais pas parfaitement solide :** je ne peux tenir pour certainement vrai qu'il pleuvra demain (car je sais que la météo n'est pas parfaitement fiable).

Il faut distinguer ce type d'argument imparfait des arguments tels que, si l'on en tient les prémisses pour certainement vraies, alors il faut tenir la conclusion pour tout aussi certainement vraie. Autrement dit, **ce sont des arguments où la vérité des prémisses entraîne nécessairement la vérité de la conclusion.** On dit alors que l'argument est une démonstration ou un argument valide. Cela correspond au cas où la solidité du lien entre les prémisses et la conclusion est maximale.

Ma vidéo **« Comment démontrer n'importe quoi » Grain de philo #14** fait le point sur ces notions d'arguments et de démonstration.

https://youtu.be/2DOYvDWZWwo

EXEMPLE

Un raisonnement logique comme **« Tous les hommes sont mortels ; or Socrate est un homme ; donc Socrate est mortel »** est un exemple de démonstration. Si vous tenez pour vraies les deux prémisses (« Tous les hommes sont mortels » et « Socrate est un homme »), alors vous devez nécessairement tenir pour vraie aussi sa conclusion (« Socrate est mortel »).

5 Plusieurs prémisses pour une même conclusion

Quand plusieurs prémisses justifient une même conclusion, il est important de distinguer **différents types de cas.**

A Plusieurs prémisses prises ensemble

Plusieurs prémisses [P1 et P2] prises ensemble permettent d'aboutir à la conclusion [C] :

EXEMPLE

La démonstration de Socrate mortel en était un exemple : « [P1] Tous les hommes sont mortels ; [P2] Socrate est un homme ; [C] donc Socrate est mortel ». **Chaque prémisse prise toute seule ne suffit pas à démontrer la conclusion ; c'est seulement quand elles sont prises ensemble qu'elles forment une démonstration.**

B Plusieurs prémisses indépendantes

Plusieurs prémisses [P1 et P2] indépendantes les unes des autres permettent d'aboutir à une même conclusion [C] :

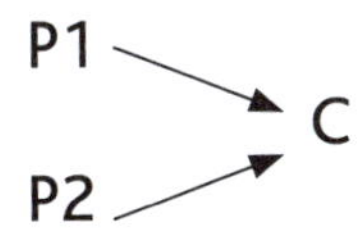

EXEMPLE

Par exemple : « [C] Il va sûrement pleuvoir : en effet, [P1] le ciel est gris et [P2] la météo a prévu de la pluie. »

Dans ce petit argument, les deux prémisses (« le ciel est gris » et « la météo a prévu de la pluie ») donnent chacune une raison indépendante en faveur de la conclusion (« il va sûrement pleuvoir »).

En fait, ce que l'on a ici **ce n'est pas un argument mais deux arguments indépendants ayant seulement une conclusion commune,** d'où la présence de deux flèches et non une seule.

C La conclusion devient prémisse d'un nouvel argument

Lorsqu'on tire une conclusion [C1] d'une première prémisse [P] et que cette conclusion est prise pour prémisse d'un deuxième argument aboutissant à une deuxième conclusion [C2] :

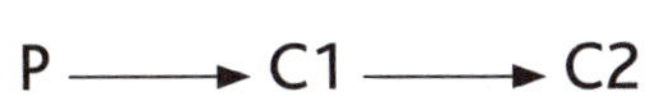

EXEMPLE

Par exemple : « [C2] La route sera mouillée demain. En effet, [P] la météo a prévu de la pluie, et donc [C1] il va sûrement pleuvoir. »

L'EXPLICATION DE TEXTE

Tous ces exemples sont simples et caricaturaux et peuvent sembler bien éloignés des subtils arguments que vous trouverez dans des textes philosophiques, mais **l'idée est de vous concentrer ici sur la forme et non sur le contenu des arguments :** vous retrouverez ces mêmes formes dans n'importe quel discours argumentatif en général, notamment dans les textes à expliquer en philosophie.

6 La structure argumentative

L'argumentation complète du texte est ainsi souvent constituée **de nombreux arguments imbriqués les uns dans les autres et formant un réseau plus ou moins complexe.** Chaque argument n'est qu'une petite étape dans ce réseau.

EXEMPLE

Par exemple, **un texte pourrait contenir cinq affirmations A, B, C, D et E liées de la façon suivante :**

- A et B pris ensemble justifient C.
- Puis C et D indépendamment justifient E.

Autrement dit :

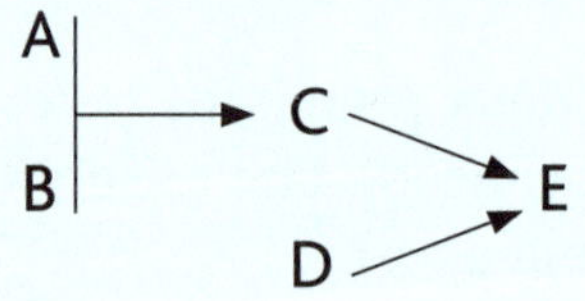

L'ensemble des arguments du texte ainsi liés les uns aux autres forment la structure argumentative du texte. Vous pouvez la dessiner en liant, comme je l'ai fait dans l'exemple ci-dessus, les prémisses aux conclusions par des flèches : cela vous aidera à vous y retrouver au cours de votre explication.

7 Le raisonnement hypothétique

Il arrive que l'auteur conduise un raisonnement en se basant sur une hypothèse ou une supposition, introduite par exemple par un « Si ... » ou un « Supposons que ... » ; on pourrait appeler ces expressions des **marqueurs d'hypothèses,** et les arguments qu'elles introduisent sont des **raisonnements hypothétiques.**

Le but de l'auteur dans un raisonnement hypothétique est seulement de **déterminer quelles conséquences suivraient de son hypothèse ;** cela ne signifie pas qu'il est d'accord avec cette hypothèse, ni avec ces conséquences.

EXEMPLE

Par exemple, **un auteur pourrait faire la supposition qu'il n'y a plus de loi, puis développer une argumentation aboutissant à la conclusion que les êtres humains se livreront alors à une guerre perpétuelle :** cet auteur soutient-il qu'il n'y a vraiment plus de loi et que les êtres humains vont vraiment se livrer à une guerre perpétuelle ?

Non, bien sûr ! **Il a seulement argumenté que si les lois n'existaient plus, alors les êtres humains se livreraient à une guerre perpétuelle.** C'est un raisonnement hypothétique ; et sa conclusion prend ainsi une forme conditionnelle : **si A alors B.**

On pourrait schématiser le raisonnement hypothétique de la façon suivante, en encadrant à part le raisonnement qui va de l'hypothèse A à la conséquence B, puis en tirant de cela le conditionnel si A alors B :

$$\boxed{A_{\text{[hypothèse]}} \longrightarrow B} \longrightarrow \text{Si A alors B}$$

8 Le raisonnement par l'absurde

Un cas particulier et très fréquent de raisonnement hypothétique est le raisonnement par l'absurde.

Cela consiste à partir d'une hypothèse et d'en tirer une conséquence manifestement fausse, pour en conclure que l'hypothèse de départ devait être fausse.

Ce genre de raisonnement est très utilisé en mathématiques. Pour démontrer qu'il n'y a pas de plus grand nombre entier, vous pouvez faire la supposition contraire qu'il y a un plus grand nombre entier. Appelons ce nombre n. Le nombre $n + 1$ serait lui aussi un nombre entier, et il serait plus grand que n, ce qui contredit l'hypothèse de départ. Cette hypothèse qu'il y a un plus grand nombre entier implique ainsi une contradiction, et l'on peut donc en déduire qu'elle est fausse : il n'y a pas de plus grand nombre entier.

Cet exemple est évident mais encore une fois, **l'important est de reconnaître la forme du raisonnement, pas son contenu.** En suivant la même convention que précédemment, cette forme pourrait être schématisée ainsi :

$$\boxed{A_{\text{[hypothèse]}} \longrightarrow B_{\text{[faux]}}} \longrightarrow \text{non-A}$$

9 Reconstruire un argument

Pour rendre plus claire l'argumentation d'un texte, **il est souvent nécessaire de formuler des prémisses et des étapes supplémentaires qui sont implicites dans la pensée de l'auteur** mais qu'il n'a pas explicitement formulées.

Jusqu'où doit-on aller dans ce travail d'explicitation ?

L'importante est de faire en sorte que l'argument reconstruit soit le plus solide possible. Il faut présenter l'argumentation de l'auteur sous son meilleur jour.

EXEMPLE

Supposez que j'écrive : **« Dire la vérité n'est pas un devoir absolu. En effet, il arrive qu'un mensonge permette de sauver la vie de quelqu'un en danger. »** C'est un argument, mais le lien de la prémisse à la conclusion n'est pas si clair. Il faut supposer des étapes implicites dans l'argumentation qui permettent de reconstruire un argument plus solide.

[P1] Il arrive qu'un mensonge permette de sauver quelqu'un en danger.
[P2] Sauver quelqu'un en danger est un devoir lorsque cela est possible.
[C1] Donc il y a des cas où il est de notre devoir de mentir.
[C2] Donc dire la vérité n'est pas un devoir absolu.

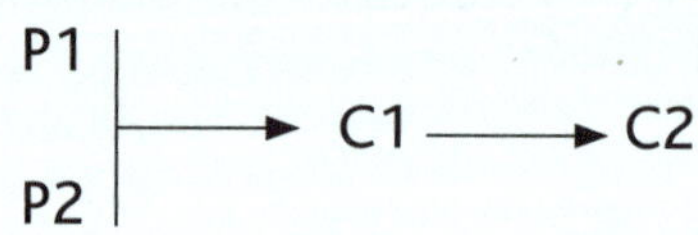

Être capable de reconstruire le détail d'une argumentation en allant au-delà de ce que dit le texte est une qualité hautement appréciée dans une explication de texte.

10 Voir des arguments partout

Bien souvent, les arguments ne sont pas entièrement visibles dans le texte. Parfois même, vous aurez du mal à voir en quoi le texte présente des arguments. Cependant, **tous les textes philosophiques ont une teneur argumentative** et il faut réussir à la saisir. Vous devez en quelque sorte vous efforcer de voir des arguments partout.

Un texte philosophique n'est pas une simple succession d'affirmations : celles-ci sont liées dans une structure de justification, dont une partie peut ne pas être apparente et nécessiter un travail de reconstruction. Présenter une vue claire et détaillée de l'ensemble de cette structure, et notamment de ses parties cachées et implicites, constitue l'un des objectifs les plus importants d'une explication de texte.

La conclusion de Monsieur Phi

- Il ne suffit pas de comprendre chaque phrase du texte pour en comprendre l'argumentation : **il faut comprendre les liens de justification** qui relient les phrases entre elles. Qu'est-ce qui justifie quoi ?
- **Un argument, c'est une ou plusieurs prémisses présentées comme justifiant une conclusion.** Pour vous aider à les repérer dans le texte, soyez attentif(ve) aux marqueurs de prémisses (« parce que », « en effet », etc.) et aux marqueurs de conclusion (« donc », « par conséquent », etc.).
- La solidité d'un argument dépend d'une part de la **solidité de ses prémisses** et d'autre part de la **solidité du lien entre les prémisses et la conclusion.**
- **Un texte présente généralement une pluralité d'arguments liés les uns aux autres** dont l'ensemble forme la structure argumentative du texte.
- **Il peut être nécessaire de *reconstruire* une partie de l'argumentation** qui reste en fait implicite dans le texte ; vous devrez faire en sorte de présenter l'argumentation de l'auteur de la façon la plus solide et précise qui soit.

L'EXPLICATION DE TEXTE

S'entraîner pour le bac

Lisez attentivement le texte suivant.

« Étant donné [...] qu'il n'existe pas au monde de République où l'on ait établi suffisamment de règles pour présider à toutes les actions et paroles des hommes (car cela serait impossible), il s'ensuit nécessairement que, dans tous les domaines d'activité que les lois ont passés sous silence, les gens ont la liberté de faire ce que leur propre raison leur indique comme étant le plus profitable. Car si nous prenons la liberté au sens propre de liberté corporelle, c'est-à-dire le fait de ne pas être enchaîné, ni emprisonné, il serait tout à fait absurde, de la part des hommes, de crier comme ils le font pour obtenir cette liberté dont ils jouissent si manifestement. D'autre part, si nous entendons par liberté le fait d'être soustrait aux lois, il n'est pas moins absurde de la part des hommes de réclamer comme ils le font cette liberté qui permettrait à tous les autres hommes de se rendre maîtres de leurs vies. Et cependant, aussi absurde que ce soit, c'est bien ce qu'ils réclament ; ne sachant pas que les lois sont sans pouvoir pour les protéger s'il n'est pas un glaive entre les mains d'un homme (ou de plusieurs), pour faire exécuter ces lois. La liberté des sujets ne réside par conséquent que dans les choses que le souverain, en réglementant les actions des hommes, a passées sous silence, par exemple la liberté d'acheter, de vendre, et de conclure d'autres contrats les uns avec les autres ; de choisir leur résidence, leur genre de nourriture, leur métier, d'éduquer leurs enfants comme ils le jugent convenable et ainsi de suite. »

Thomas Hobbes, *Léviathan*, 1651.

Exercice 1

Repérez les marqueurs de prémisses et de conclusion, ainsi que les marqueurs d'hypothèses.

Exercice 2

1 *Reformulez les quatre affirmations exprimées dans la première phrase du texte (à partir des passages surlignés ci-dessous),* **2** *puis précisez la structure argumentative qui les lie (en les symbolisant par des lettres et en les reliant par des flèches).*

« Étant donné [...] qu'il n'existe pas au monde de République où l'on ait établi suffisamment de règles pour présider à toutes les actions et paroles des hommes (car cela serait impossible), il s'ensuit nécessairement que, dans tous les domaines d'activité que les lois ont passés sous silence, les gens ont la liberté de faire ce que leur propre raison leur indique comme étant le plus profitable. »

Exercice 3

« Car si nous prenons la liberté au sens propre de liberté corporelle, c'est-à-dire le fait de ne pas être enchaîné, ni emprisonné, il serait tout à fait absurde, de la part des hommes, de crier comme ils le font pour obtenir cette liberté dont ils jouissent si manifestement. D'autre part, si nous entendons par liberté le fait d'être soustrait aux lois, il n'est pas moins absurde de la part des hommes de réclamer comme ils le font cette liberté qui permettrait à tous les autres hommes de se rendre maîtres de leurs vies. »

1. *Quels types d'arguments sont présentés dans ces deux phrases ?*

2. *Quelles sont leurs conclusions ?*

Exercice 4

Relisez la dernière phrase du texte. Une idée similaire à celle du passage surligné a déjà été exprimée plus tôt dans le texte. Identifiez où et comparez les deux formulations : une modification importante y a été ajoutée. Expliquez quelle partie de l'argumentation du texte pourrait avoir justifié cette modification.

« La liberté des sujets ne réside par conséquent que dans les choses que le souverain, en réglementant les actions des hommes, a passées sous silence, par exemple la liberté d'acheter, de vendre, et de conclure d'autres contrats les uns avec les autres ; de choisir leur résidence, leur genre de nourriture, leur métier, d'éduquer leurs enfants comme ils le jugent convenable et ainsi de suite. »

Corrigés

Exercice 1

Marqueurs de prémisses, d'hypothèses, de conclusion :

« Étant donné [...] qu'il n'existe pas au monde de République où l'on ait établi suffisamment de règles pour présider à toutes les actions et paroles des hommes (car cela serait impossible), il s'ensuit nécessairement que, dans tous les domaines d'activité que les lois ont passés sous silence, les gens ont la liberté de faire ce que leur propre raison leur indique comme étant le plus profitable. Car si nous prenons la liberté au sens propre de liberté corporelle, c'est-à-dire le fait de ne pas être enchaîné, ni emprisonné, il serait tout à fait absurde, de la part des hommes, de crier comme ils le font pour obtenir cette liberté dont ils jouissent si manifestement. D'autre part, si nous entendons par liberté le fait d'être soustrait aux lois, il n'est pas moins absurde de la part des hommes de réclamer comme ils le font cette liberté qui permettrait à tous les autres hommes de se rendre maîtres de leurs vies. Et cependant, aussi absurde que ce soit, c'est bien ce qu'ils réclament ; ne sachant pas que les lois sont sans pouvoir pour les protéger s'il n'est pas un glaive entre les mains d'un homme (ou de plusieurs), pour faire exécuter ces lois. La liberté des sujets ne réside par conséquent que dans les choses que le souverain, en réglementant les actions des hommes, a passées sous silence, par exemple la liberté d'acheter, de vendre, et de conclure d'autres contrats les uns avec les autres ; de choisir leur résidence, leur genre de nourriture, leur métier, d'éduquer leurs enfants comme ils le jugent convenable et ainsi de suite. »

Exercice 2

1 Reformulations

A = Il n'existe aucun État dont les lois régissent tous les aspects de la vie des hommes.
B = Il est impossible qu'un État ait des lois qui régissent tous les aspects de la vie des hommes.
C = Les lois passent sous silence certains domaines d'activité.
D = Les gens ont la liberté de faire ce qu'ils veulent dans ces domaines d'activité.

2 Structure de l'argumentation

B ⟶ A ⟶ C ⟶ D

Exercice 3

1 **Le passage présente deux raisonnements par l'absurde :** les hypothèses « si nous prenons la liberté au sens propre de liberté corporelle » et « si nous entendons par liberté le fait d'être soustrait aux lois » conduisent chacune à des conséquences que Hobbes considère comme « absurdes ».

2 **La conclusion de ces deux arguments est donc que ces deux hypothèses sont fausses :** la liberté ne peut être prise ni au sens de « liberté corporelle », ni au sens « d'être soustrait aux lois ».

Exercice 4

La dernière phrase du texte revient à une idée mentionnée dès sa première phrase : la liberté réside dans ce que la loi passe sous silence. Une nuance importante est toutefois ajoutée : Hobbes précise ici que la liberté ne réside dans *rien d'autre* que cela : « La liberté des sujets ne réside par conséquent que dans les choses que le souverain [...] a passées sous silence. »

Cette exclusion de tout autre sens de *liberté* semble se rattacher aux arguments du milieu du texte qui ont envisagé et rejeté comme absurdes deux sens possibles de *liberté* (« liberté corporelle » et liberté au sens « d'être soustrait aux lois »). Cela justifierait aux yeux de Hobbes de conclure que sa notion de liberté comme de ce qui réside dans le silence de la loi, qu'il a introduite au début du texte, est bien la seule pertinente.

ANNEXE

Pour aller plus loin dans l'analyse de l'argumentation

Dégager la structure globale de l'argumentation du texte : nous pouvons dégager la structure de l'ensemble de l'argumentation du texte à partir de ce que nous venons de voir dans les exercices de ce chapitre.

« Étant donné [...] qu'il n'existe pas au monde de République où l'on ait établi suffisamment de règles pour présider à toutes les actions et paroles des hommes (car cela serait impossible), il s'ensuit nécessairement que, dans tous les domaines d'activité que les lois ont passés sous silence, les gens ont la liberté de faire ce que leur propre raison leur indique comme étant le plus profitable. Car si nous prenons la liberté au sens propre de liberté corporelle, c'est-à-dire le fait de ne pas être enchaîné, ni emprisonné, il serait tout à fait absurde, de la part des hommes, de crier comme ils le font pour obtenir cette liberté dont ils jouissent si manifestement. D'autre part, si nous entendons par liberté le fait d'être soustrait aux lois, il n'est pas moins absurde de la part des hommes de réclamer comme ils le font cette liberté qui permettrait à tous les autres hommes de se rendre maîtres de leurs vies. Et cependant, aussi absurde que ce soit, c'est bien ce qu'ils réclament ; ne sachant pas que les lois sont sans pouvoir pour les protéger s'il n'est pas un glaive entre les mains d'un homme (ou de plusieurs), pour faire exécuter ces lois. La liberté des sujets ne réside par conséquent que dans les choses que le souverain, en réglementant les actions des hommes, a passées sous silence, par exemple la liberté d'acheter, de vendre, et de conclure d'autres contrats les uns avec les autres ; de choisir leur résidence, leur genre de nourriture, leur métier, d'éduquer leurs enfants comme ils le jugent convenable et ainsi de suite. »

1 Reformulations

A = Il n'existe aucun État dont les lois régissent tous les aspects de la vie des hommes.

B = Il est impossible qu'un État ait des lois qui régissent tous les aspects de la vie des hommes.

C = Les lois passent sous silence certains domaines d'activité.

D = Les gens ont la liberté de faire ce qu'ils jugent profitable dans ces domaines d'activité.

L'EXPLICATION DE TEXTE

$E_{[hypothèse]}$ = « liberté » a le sens de ne pas être enchaîné ni emprisonné.
F = Il est absurde de réclamer cette liberté (au sens E).
G = Les hommes jouissent de cette liberté (au sens E).
$H_{[hypothèse]}$ = « liberté » a le sens de n'être soumis à aucune loi.
I = Il est absurde de réclamer la liberté (au sens H).
J = Si les hommes étaient libres (au sens H), ils pourraient s'entre-tuer.
K = La liberté réside seulement dans le silence de la loi (ce que la loi ne régit pas).

2 Structure de l'argumentation

Toute l'argumentation du texte serait alors représentée par le schéma suivant :

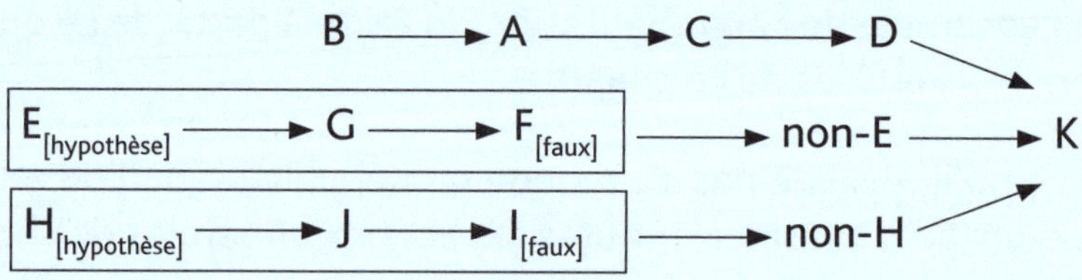

Connecter dans une même structure argumentative tous les éléments du texte est la meilleure façon d'en dégager l'unité. Si une partie de l'argumentation vous semble déconnectée du reste, demandez-vous : pourquoi l'auteur traite-t-il de ce point annexe ? Il y a peut-être un lien qui vous a échappé.

Ne négligez aucun passage de l'argumentation : pour aller encore plus loin dans ce travail d'analyse de l'argumentation, il faudrait aussi intégrer le passage suivant dont nous n'avons pas parlé : « les lois sont sans pouvoir pour les protéger s'il n'est pas un glaive entre les mains d'un homme (ou de plusieurs), pour faire exécuter ces lois ». Ce passage présente un raisonnement hypothétique justifiant qu'en l'absence de force armée pour faire appliquer les lois (ou en l'absence de loi tout simplement), les hommes ne pourraient s'empêcher de se nuire mutuellement. Cela sert donc à renforcer le lien vers J dans l'argumentation du texte : voilà pourquoi, si les hommes étaient libres au sens de n'être soumis à aucune loi, ils risqueraient de s'entre-tuer.
La série d'exemples à la fin du texte n'ajoute rien sur le plan de l'argumentation.

Reconstruire certains arguments : il peut être intéressant de reconstruire certains arguments au-delà de ce que le texte dit explicitement. Par exemple, ce raisonnement par l'absurde pourrait être développé avec davantage de précision :

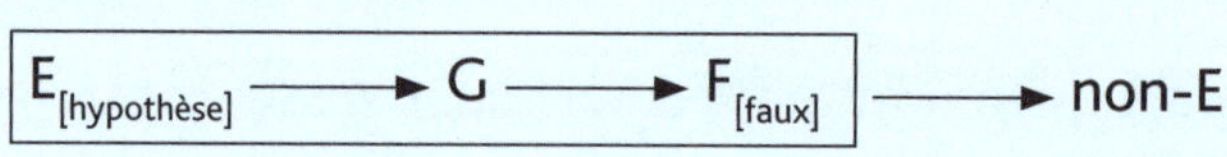

$E_{[hypothèse]}$ = « liberté » a le sens de ne pas être enchaîné ni emprisonné.
G = Les hommes jouissent de cette liberté (au sens E).
F = Il est absurde de réclamer cette liberté (au sens E).

Pour cela, nous pourrions ajouter les prémisses suivantes :
E* = La plupart des hommes ne sont ni enchaînés ni emprisonnés.
G* = Il est absurde de réclamer ce dont on jouit déjà.

La structure de l'argumentation serait alors :

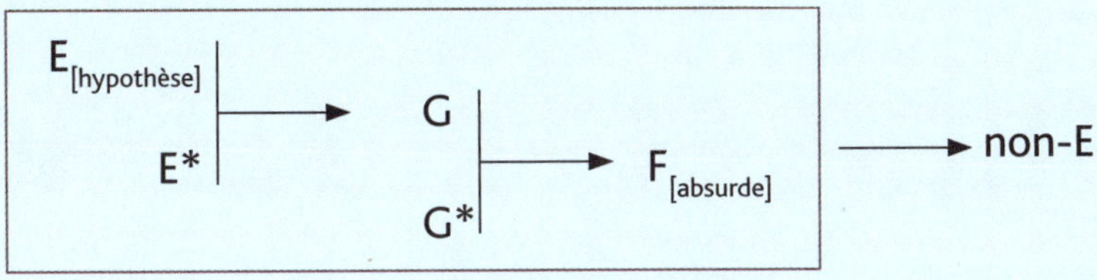

Il est bien sûr difficile de réaliser seul(e) une analyse aussi approfondie de l'argumentation et il n'est pas nécessaire d'aller aussi loin pour réussir son explication de texte. Mais en examinant de si près ce passage de Hobbes, vous aurez, je l'espère, pris conscience de la richesse argumentative que l'on peut tirer d'un simple texte de vingt lignes. **Les meilleures copies d'explication de texte sont celles qui savent ainsi déceler cette richesse.**

5

THÈSE ET PROBLÈME

1 Où l'auteur veut-il aller ?

Une fois l'argumentation du texte comprise dans son ensemble, vous devriez être en mesure de répondre à cette question toute simple : où l'auteur veut-il en venir ? De quoi veut-il nous convaincre ? S'il fallait en retenir une seule idée, quelle serait-elle ?

Cette idée centrale constitue la thèse du texte.

2 La thèse : une affirmation

La thèse d'un texte est toujours une affirmation. Il n'y aurait aucun sens à dire : « La thèse de l'auteur dans ce texte est la liberté politique » ou « La thèse de l'auteur est de savoir ce qu'est la liberté politique ».

La liberté politique est peut-être un thème du texte, c'est-à-dire une notion centrale dont il est question, mais la thèse doit affirmer quelque chose sur ce thème. Par exemple : « Dans ce texte, l'auteur défend la thèse que la liberté politique est ceci ou cela… »

3 La thèse n'est ni évidente ni absurde

Si les rédacteurs des sujets ont choisi ce passage à expliquer, c'est parce que la thèse que l'auteur y défend est intéressante : ni parfaitement évidente, ni complètement absurde.

Pour le dire plus précisément, on peut considérer que **la thèse est intéressante en ceci qu'elle apporte une solution à un certain problème philosophique,** problème qu'il vous faudra aussi identifier.

Identifier la thèse et le problème est l'exigence
la plus importante d'une explication de texte.

C'est l'une des premières choses que vous présenterez dans votre copie dès l'introduction (j'expliquerai sa construction dans un autre chapitre – voir p. 169) ; l'ensemble de votre développement sera guidé par ce que vous avez identifié comme thèse et comme problème. Une erreur sur ce point peut donc vous coûter cher ! Ne vous précipitez pas.

4 La thèse est-elle au début ou à la fin du texte ?

La thèse n'est pas forcément formulée dans la première phrase du texte, ni dans la dernière.

Il est peu probable de trouver un passage du texte où l'auteur vous informera tout bonnement : « Ma thèse dans ce texte est que... » N'en voulez pas à l'auteur : il n'avait pas l'intention de produire un sujet d'explication pour des élèves de Terminale !

La thèse peut même ne pas correspondre à un passage précis du texte et ne pas y être formulée de façon claire où que ce soit. Il faudra dans ce cas un travail de reformulation pour réussir à l'expliciter.

Bref, repérer la thèse du texte n'a rien de simple ni d'évident.
Même après plusieurs lectures attentives, il n'est pas rare d'être incapable
de l'identifier correctement.

Ne vous précipitez donc pas. **Il faut avant tout vous efforcer de bien comprendre le texte et d'étudier avec soin son argumentation.** C'est alors seulement que vous aurez une vue assez claire sur le texte pour déterminer avec assurance quelle est sa thèse.

5 La thèse est-elle la conclusion du texte ?

Comprendre la structure argumentative du texte est souvent crucial pour identifier la thèse dans la mesure où **la thèse constitue souvent la conclusion de l'argumentation.**

Mais attention ! La thèse est l'idée centrale du texte
et ce n'est pas systématiquement la conclusion de l'argumentation.

La thèse est généralement justifiée dans le texte, donc elle est au moins la conclusion d'une partie importante de l'argumentation, mais il peut aussi y avoir des morceaux d'argumentations supplémentaires dont la thèse n'est pas la conclusion.

EXEMPLE

Par exemple, l'auteur peut consacrer une partie du texte à discuter d'objections à sa thèse, c'est-à-dire des arguments concluant à ceci que la thèse est fausse. L'auteur va pour cela exposer ces arguments contraires, puis éventuellement les critiquer.

6 Discuter des conséquences de la thèse

L'auteur peut aussi discuter de certaines conséquences de sa thèse : ce faisant, il présentera donc des arguments prenant la thèse pour prémisse.

EXEMPLE

Si l'auteur dans le texte argumente en faveur de l'idée « qu'il est toujours immoral de faire une action de type *X* », une partie de son texte pourrait consister à illustrer ce principe en en tirant une conséquence particulière : « Voici une action de type *X*, donc cette action est immorale. »

Cette conséquence particulière n'est évidemment pas la thèse du texte, même si c'est la conclusion de son argumentation : l'idée centrale du texte n'est pas de justifier que cette action particulière est immorale, mais bien de justifier le principe plus général selon lequel faire une action de type *X* est toujours immoral.

En somme, ce qui fait la thèse du texte, ce n'est pas seulement sa place dans l'argumentation mais aussi son importance. Un principe général est plus important qu'une conséquence particulière et a donc plus de chance d'être la thèse du texte.

7 Dégager le problème

Il ne faut pas seulement dégager la thèse du texte, il faut aussi la situer par rapport à un problème dont elle serait la solution. Cette solution, si elle mérite d'être ainsi défendue par l'auteur, n'est ni parfaitement évidente, ni complètement absurde : elle présente une certaine originalité qui fait l'intérêt du texte.

On peut opposer la thèse à d'autres solutions possibles à ce même problème. Ces autres solutions peuvent relever par exemple de l'opinion commune ou bien d'autres positions philosophiques sur ce sujet (que vous aurez peut-être vues en cours ou ailleurs).

Ces autres solutions peuvent être discutées explicitement dans le texte, ou y être au moins évoquées, mais ce n'est pas forcément le cas.

Votre explication gagnera beaucoup en profondeur si vous êtes capable de présenter de façon convaincante ces autres solutions au problème du texte, en soulignant en quoi le texte permet de les critiquer et de proposer sa propre solution comme meilleure.

8 Dégager l'enjeu

Il peut être intéressant aussi de **déterminer en quoi la thèse est importante,** c'est-à-dire d'en dégager l'enjeu.

EXEMPLE

Si vous êtes face à un texte dont la thèse est que le *moi* n'existe pas (David Hume l'a fameusement soutenu, voir ma vidéo **« Je n'existe pas » Grain de philo #17** https://youtu.be/XeZDt43Pij8), vous pourriez réfléchir aux implications morales ou politiques qui en découlent : en quoi suis-je responsable de mes actes si je n'existe pas ? Vous pourriez aussi étudier ces liens à d'autres thèses philosophiques que vous auriez vues en cours (par exemple le *Cogito* de Descartes).

Là encore, le texte peut développer ces enjeux explicitement, mais il peut aussi les passer sous silence ; dans tous les cas, il sera intéressant de les évoquer au cours de votre copie et vous devriez donc chercher à les dégager.

S'il vous semble que la thèse que vous avez identifiée ne répond à aucun problème et ne soulève aucun enjeu, il est probable que cela soit dû à une mécompréhension du texte : peut-être n'avez-vous pas identifié correctement la thèse ?

La conclusion de Monsieur Phi

➡ **Vous devez identifier la thèse du texte,** c'est-à-dire l'idée centrale, le point principal que l'auteur y défend. Il s'agit d'une affirmation qui n'est ni parfaitement évidente, ni totalement absurde.

➡ **La thèse n'est pas forcément formulée dans la première ou la dernière phrase du texte.** Elle peut même rester en partie implicite. C'est à vous de la dégager à partir d'une compréhension approfondie du texte.

➡ **Vous devez situer la thèse par rapport à un problème auquel elle apporte une solution ;** il peut être intéressant de l'opposer à d'autres solutions au même problème pour montrer sa spécificité.

➡ **Interrogez-vous également sur les enjeux de la thèse :** en quoi est-elle importante ?

S'entraîner pour le bac

À partir de l'analyse de l'argumentation du texte de Hobbes présentée dans les exercices du chapitre précédent (voir p. 148), dégagez sa thèse et son problème.

Corrigé

Toutes les branches de la structure argumentative du texte aboutissent à la conclusion que la liberté réside seulement dans le silence de la loi, c'est-à-dire dans les activités que l'État, « en réglementant les actions des hommes, a passées sous silence ». **Cette définition de la liberté et de son rapport aux lois semble donc constituer la thèse du texte.**

Le problème résiderait alors dans la question de savoir ce qu'est la liberté politique et quel rôle l'État doit jouer pour la garantir.

D'autres définitions sont présentées et critiquées au cours du texte à travers deux raisonnements par l'absurde :
- la définition de la liberté comme « liberté corporelle », c'est-à-dire ne pas être enfermé ni enchaîné ;
- la définition de la liberté comme le fait de n'être soumis à aucune loi.

On pourrait envisager encore d'autres conceptions de la liberté, par exemple l'idée que la liberté politique réside dans l'exercice démocratique du pouvoir. (Hobbes ne semble pas du tout envisager une telle conception et c'est peut-être une limite du texte.)

L'enjeu du texte aurait à voir avec les implications politiques de cette définition de la liberté : si la liberté politique réside bien seulement dans le silence de la loi, c'est-à-dire dans les domaines d'activité que les lois ne régissent pas, il semble que, pour garantir la liberté des individus, l'État doive intervenir aussi peu que possible dans leurs activités. Ainsi, derrière cette définition de la liberté, se dessine une **conception libérale du rôle de l'État,** réduit à assurer des fonctions minimales pour assurer la paix sociale.

6

Construire le développement

1 Le plan suit le texte

Si vous ne deviez retenir qu'une seule chose de ce chapitre, ce serait celle-ci : **le plan du développement d'une explication de texte doit suivre le texte pas à pas.** Autrement dit, l'explication de texte en philosophie est une explication linéaire.

Comme je le précisais dans le premier chapitre, il est possible que votre professeur vous ait enseigné un plan en deux parties : explication (qui suit pas à pas le texte), puis discussion autour du texte. Mais ce n'est pas, officiellement, la méthode à suivre pour l'épreuve de l'explication de texte. Ne prenez donc pas de risque !

Officiellement, **il s'agit bien d'une épreuve d'explication et non de commentaire, et cette explication doit être linéaire :** il faut que le développement suive le texte pas à pas dans sa progression. Les éléments de discussion et de critique doivent être intégrés au fil de celle-ci et ne pas constituer une partie à part.

Votre explication ne doit jamais s'éloigner trop longtemps du texte.

2 Trois parties de développement

Les professeurs de philosophie aiment les plans en trois parties pour l'explication aussi bien que pour la dissertation. Il n'y a pas de raison particulière de préférer cela, surtout pour l'explication de texte : **c'est une exigence formelle quelque peu arbitraire mais qui a le statut d'une convention.** L'intérêt de la suivre, c'est avant tout de montrer que vous connaissez cette convention, et que vous vous souciez donc de méthodologie.

Si au contraire vous ne suivez pas cette convention, vous donnerez à votre correcteur l'impression de la négliger par ignorance ou par paresse ; il vaut mieux éviter d'envoyer ce genre de signal si vous ne voulez pas qu'il se lance dans la lecture de votre développement avec un *a priori* négatif.

Notez qu'un plan en deux ou quatre parties reste tout à fait acceptable ; ces exigences formelles sont beaucoup moins importantes que le contenu de l'explication proprement dite. Mais dans la mesure du possible, faites vos trois parties comme tout le monde.

3 Trois parties du texte

Puisque le plan de l'explication doit suivre le texte, diviser le développement en parties revient à diviser le texte lui-même en parties. Mais selon quelle logique le découpera-t-on ?

Il faut avant tout que le découpage du texte ait un sens du point de vue argumentatif : faites en sorte que les articulations d'une partie à l'autre correspondent bien aux principales articulations de l'argumentation. En gros, ne coupez pas le texte au beau milieu d'un argument !

4 Équilibrez vos parties

Quand un texte a le bon goût d'être formé de trois paragraphes ou de trois longues phrases, la plupart des élèves sont convaincus qu'il suffit de consacrer chaque partie du développement à un paragraphe ou à une phrase.

Pourquoi faire compliqué quand on peut faire simple ?

Cela fonctionne souvent mais ce n'est pas toujours une bonne idée. **Certains passages du texte peuvent être particulièrement denses et exiger une très longue explication ;** d'autres au contraire peuvent être plus dilués : vous aurez bien moins de choses à dire à leur sujet.

Or il vaut mieux éviter d'avoir des parties de développement dont la longueur varie du simple au triple. Si votre première partie fait trois pages mais que les deux suivantes font chacune une demi-page, on pourra considérer que vous avez mal découpé votre texte : vous auriez pu diviser votre première partie en deux et réunir les deux suivantes en une seule.

Il faut tâcher d'équilibrer vos parties de développement, et cela peut exiger de découper le texte en parties de longueurs très inégales : ne soyez pas effrayé(e) à l'idée de consacrer toute une partie du développement à un passage de deux lignes du texte ; s'il se trouve que vous avez beaucoup à dire sur ces deux lignes, cela peut être le choix le plus pertinent.

5 Que dire dans l'explication de texte ?

Vous allez donc prendre successivement chaque passage du texte et l'expliquer. Mais que dire ? Pour vous guider dans la rédaction, tâchez de réfléchir en priorité aux questions suivantes :

1 Que dit l'auteur dans ce passage ?

Précisez, clarifiez, reformulez, explicitez ce que ce passage signifie. Vous pouvez aussi illustrer les propos de l'auteur par un exemple concret. En somme, montrez au correcteur que vous avez bien compris ce dont parle l'auteur.

2 Quel est le rôle de ce passage dans l'argumentation ?

Montrez d'où l'auteur vient et où il veut aller du point de vue argumentatif ; précisez en particulier le rapport du passage à la thèse du texte. S'il y a des morceaux d'argumentation à reconstruire pour cela, explicitez-les.

3 Ce passage permet-il de mieux comprendre un aspect du problème ou des enjeux du texte ?

Vous devrez vous appuyer sur différents passages du texte pour discuter différents aspects du problème et des enjeux au fil de l'explication. (Il faudra toutefois ne pas trop vous éloigner du texte ce faisant : l'objectif principal reste celui d'expliquer.)

4 Y a-t-il des limites, des objections, des critiques à adresser sur ce point ?

S'il vous semble qu'un point mérite d'être critiqué, il est tout à fait légitime de le faire, surtout si cela peut enrichir la discussion du problème ou des enjeux du texte, ou si cela peut motiver la reconstruction d'un morceau d'argumentation pour la rendre plus solide.

Pour chaque passage du texte, tâchez de traiter ces quatre points :
- les deux premiers systématiquement ;
- le troisième aussi souvent que possible ;
- le quatrième avec prudence.

Cela devrait vous donner assez de matière pour construire, pas à pas, votre explication.

6 Ne mettez pas les difficultés sous le tapis

Il n'est pas nécessaire de citer scrupuleusement chaque mot du texte au fil de votre explication, mais tâchez tout de même de le traiter complètement, sans laisser de côté ce qui vous embarrasse. Votre explication suit le texte pas à pas et **vous ne devriez pas vous permettre de sauter un passage que vous ne comprenez pas :** votre correcteur se rendra compte de votre omission et cela peut vous porter préjudice.

Si un passage du texte vous embarrasse ainsi, **efforcez-vous au moins d'expliquer le plus clairement possible ce qui cause votre embarras :** une difficulté de compréhension que l'élève reconnaît lui-même et sur laquelle il réfléchit vaut bien mieux qu'une difficulté de compréhension mise sous le tapis.

Vous n'avez ainsi aucune excuse pour ne pas traiter tout le texte dans votre explication.

La conclusion de Monsieur Phi

L'explication doit suivre le texte pas à pas : le plan du développement est linéaire.

Il est convenu de diviser le développement en trois parties ; il faut donc diviser le texte à expliquer en autant de parties en suivant les articulations de l'argumentation et en ayant des parties équilibrées.

Pour expliquer un passage, efforcez-vous de :

- **clarifier le propos de l'auteur ;**
- **situer le passage** par rapport à l'argumentation globale ;
- **réfléchir à l'éclairage que cela peut apporter sur le problème** ou l'enjeu du texte ;
- **discuter d'éventuelles objections.**

Si un passage vous met dans l'embarras parce qu'il vous semble difficile à comprendre, ne le mettez pas sous le tapis : expliquez en quoi il vous semble difficile à comprendre. **Votre explication doit traiter *tout* le texte.**

S'entraîner pour le bac

En vous appuyant sur les résultats des exercices des deux chapitres précédents, découpez le texte suivant de Hobbes (en trois parties ou éventuellement deux ou quatre) ; et pour chacune des parties répondez, en quelques lignes aux questions suivantes :

1. *Que dit l'auteur dans ce passage ?*
2. *Quel est le rôle de ce passage dans l'argumentation ?*
3. *Cela éclaire-t-il le problème ou l'enjeu du texte ?*
4. *Y a-t-il des limites, des objections, des critiques à adresser sur ce point ?*

« Étant donné [...] qu'il n'existe pas au monde de République où l'on ait établi suffisamment de règles pour présider à toutes les actions et paroles des hommes (car cela serait impossible), il s'ensuit nécessairement que, dans tous les domaines d'activité que les lois ont passés sous silence, les gens ont la liberté de faire ce que leur propre raison leur indique comme étant le plus profitable. Car si nous prenons la liberté au sens propre de liberté corporelle, c'est-à-dire le fait de ne pas être enchaîné, ni emprisonné, il serait tout à fait absurde, de la part des hommes, de crier comme ils le font pour obtenir cette liberté dont ils jouissent si manifestement. D'autre part, si nous entendons par liberté le fait d'être soustrait aux lois, il n'est pas moins absurde de la part des hommes de réclamer comme ils le font cette liberté qui permettrait à tous les autres hommes de se rendre maîtres de leurs vies. Et cependant, aussi absurde que ce soit, c'est bien ce qu'ils réclament ; ne sachant pas que les lois sont sans pouvoir pour les protéger s'il n'est pas un glaive entre les mains d'un homme (ou de plusieurs), pour faire exécuter ces lois. La liberté des sujets ne réside par conséquent que dans les choses que le souverain, en réglementant les actions des hommes, a passées sous silence, par exemple la liberté d'acheter, de vendre, et de conclure d'autres contrats les uns avec les autres ; de choisir leur résidence, leur genre de nourriture, leur métier, d'éduquer leurs enfants comme ils le jugent convenable et ainsi de suite. »

Thomas Hobbes, *Léviathan*, 1651.

Corrigé

1re partie du texte

« Étant donné [...] qu'il n'existe pas au monde de République où l'on ait établi suffisamment de règles pour présider à toutes les actions et paroles des hommes (car cela serait impossible), il s'ensuit nécessairement que, dans tous les domaines d'activité que les lois ont passés sous silence, les gens ont la liberté de faire ce que leur propre raison leur indique comme étant le plus profitable. »

1 **Il est impossible que la loi statue sur tous les aspects de la vie des individus :** il y a donc forcément un silence de la loi (c'est-à-dire des champs d'activité qui ne sont pas régis par la loi) et les individus y sont ainsi libres (au sens politique) de faire ce qu'ils jugent bon. (La fin du texte donnera des exemples de champ d'activité qui relève de cette liberté.)

2 **La thèse du texte est que la liberté politique réside seulement dans ce que les lois passent sous silence.** Ce passage présente et justifie la pertinence de cette notion de silence de la loi, et Hobbes souligne en quoi il semble légitime de parler de liberté par rapport à cela ; mais il ne dit pas explicitement que ce serait la seule forme ou le seul aspect de la liberté politique. (C'est seulement à la fin du texte que ce point sera assumé explicitement.)

3 **Le problème et l'enjeu du texte est de savoir comment définir la liberté politique et le rôle que doit jouer l'État pour la garantir.** Ce passage propose une définition simple et qui semble intuitivement acceptable : ce que la loi ne me force ni ne m'interdit de faire, je suis libre de le faire selon mon propre jugement. Le rôle de l'État, s'il doit garantir un maximum de liberté individuelle, semble alors voué à être assez minimal : moins l'État interfère dans les décisions individuelles, plus nous serons libres.

4 **On pourrait se demander si le seul fait qu'une activité ne soit pas régie par la loi suffit à garantir que les individus s'y prêtent de façon libre** : des phénomènes de pression sociale, de déterminisme social, etc., peuvent remettre ce point en cause. (Mais ce n'est évidemment pas le sujet de Hobbes dans ce texte.)

2e partie du texte

« Car si nous prenons la liberté au sens propre de liberté corporelle, c'est-à-dire le fait de ne pas être enchaîné, ni emprisonné, il serait tout à fait absurde, de la part des hommes, de crier comme ils le font pour obtenir cette liberté

dont ils jouissent si manifestement. D'autre part, si nous entendons par liberté le fait d'être soustrait aux lois, il n'est pas moins absurde de la part des hommes de réclamer comme ils le font cette liberté qui permettrait à tous les autres hommes de se rendre maîtres de leurs vies. Et cependant, aussi absurde que ce soit, c'est bien ce qu'ils réclament ; ne sachant pas que les lois sont sans pouvoir pour les protéger s'il n'est pas un glaive entre les mains d'un homme (ou de plusieurs), pour faire exécuter ces lois. »

1 Hobbes examine et rejette deux autres sens possibles de *liberté*.
D'abord, la « liberté corporelle », c'est-à-dire de ne pas être enfermé ni enchaîné. Cette définition semble bien trop minimale : à moins d'être prisonnier à proprement parler, chacun serait libre et il n'y aurait aucun sens à réclamer plus de liberté. Ensuite, la liberté comme soustraction aux lois : être libre serait n'être soumis à aucune loi. Mais on ne peut souhaiter une telle liberté car elle nous plongerait dans un état d'extrême vulnérabilité qui nous laisserait à la merci de la violence de tous. Si nous voulons la liberté, nous la voulons dans un cadre où un État joue un rôle protecteur.

2 En écartant ces deux sens de *liberté*, Hobbes appuie l'idée que la seule notion pertinente pour parler de liberté politique est celle qu'il a introduite au début du texte : **la liberté réside dans le silence de la loi.** (Mais rien ne justifie que ces deux sens de *liberté* soient les seules autres options envisageables.)

3 On peut remarquer que ces deux sens de *liberté* représentent en quelque sorte deux extrêmes entre lesquels la solution de Hobbes apparaît comme une solution intermédiaire. La conception de la liberté corporelle est minimale mais permettrait à l'État de s'immiscer de façon autoritaire dans presque tous les aspects de la vie des individus (tant qu'on ne l'enferme pas) ; la conception de la liberté comme soustraction aux lois est maximale mais elle exigerait un retrait total de l'État pour être effective.
La conception de Hobbes semble alors se situer entre les deux comme un compromis raisonnable : elle exige que l'État se retire autant que possible des affaires privées des individus, mais elle n'exige pas un retrait total qui renverrait les êtres humains à un dangereux état de nature.

4 On pourrait discuter de l'idée qu'en l'absence d'un « glaive entre les mains d'un homme », c'est-à-dire en l'absence d'un État jouant un rôle protecteur, nous serions dans un état de guerre de tous contre tous. (Vous aurez peut-être eu un cours sur ce sujet très classique ; il serait très pertinent de vous en servir ici.) Qu'est-ce que cela nous dit de l'idée que Hobbes se fait de la nature humaine et peut-on la critiquer ?

L'EXPLICATION DE TEXTE

3e partie du texte

« La liberté des sujets ne réside par conséquent que dans les choses que le souverain, en réglementant les actions des hommes, a passées sous silence, par exemple la liberté d'acheter, de vendre, et de conclure d'autres contrats les uns avec les autres ; de choisir leur résidence, leur genre de nourriture, leur métier, d'éduquer leurs enfants comme ils le jugent convenable et ainsi de suite. »

1 **Hobbes conclut que la liberté réside seulement dans les sphères d'activité qui ne sont pas régies par la loi,** par exemple la liberté de commercer et de passer des contrats (donc des libertés économiques), ou encore la liberté de circuler, de mener sa vie d'une façon ou d'une autre, etc. (donc des libertés relevant de la sphère privée).

2 **Hobbes exprime ici la thèse du texte et la présente comme une conséquence de tout ce qui précède** : parce qu'il y a des activités qui ne sont pas régies par des lois et qui sont, de ce fait, considérées comme libres (*cf.* 1re partie du texte), et parce que les deux autres définitions de *liberté* qu'il a examinées ont été rejetées comme absurdes (*cf.* 2e partie), Hobbes conclut que la seule définition pertinente de *liberté* est bien celle spécifiée au début du texte : **la liberté réside seulement dans le silence de la loi.**
Cela semble supposer qu'en dehors de cette définition et des deux examinées plus tôt dans le texte, aucune autre définition de la liberté n'est envisageable.

3 **La série d'exemples spécifiés à la fin de ce passage permet de mieux caractériser ce qu'implique cette définition de la liberté** : on constate que celle-ci s'exerce d'une part dans les activités commerciales et économiques, et d'autre part dans des activités relevant de la sphère privée. Le rôle de l'État se réduit à assurer la paix sociale permettant le plein exercice de ces activités : il s'agit d'une conception libérale et minimale du rôle de l'État.

4 **On pourrait critiquer le point présupposé par Hobbes pour conclure sa thèse,** à savoir qu'aucune autre définition de la liberté n'est envisageable en dehors de la sienne et des deux qu'il a rejetées comme absurdes : **la liberté ne peut-elle pas aussi s'exprimer dans la participation à l'exercice du pouvoir ?** N'est-on pas plus libre dans une démocratie que sous une dictature, même si celle-ci offrait les mêmes libertés économiques et privées ? On peut aussi s'étonner de l'absence de référence à la liberté d'expression dans les exemples finaux.

7

Rédiger l'introduction et la conclusion

1 Les ingrédients de l'introduction

L'introduction d'une explication doit avant tout **formuler la thèse du texte.** Elle doit également **mettre en lumière le problème auquel la thèse apporte une solution.** Enfin elle doit **présenter le plan de l'argumentation du texte,** qui annonce en fait le plan de votre développement. Ce sont les trois points les plus importants.

L'introduction peut également présenter le thème du texte, et esquisser son enjeu ou ses limites.

Vous ne pouvez donc rédiger l'introduction qu'après avoir suffisamment travaillé sur le texte pour être en mesure de présenter ces différents éléments : comme pour la dissertation, il est préférable de rédiger l'introduction le plus tard possible.

2 Une recette d'introduction

Maintenant que nous avons tous les ingrédients, comment les assembler pour produire une introduction digeste ?

Plusieurs recettes sont possibles et je vais vous en présenter une qui me semble efficace et assez simple à suivre :

1. Thème
2. Problème
3. Thèse
4. Enjeu et limites
5. Plan

1 Thème

Commençons en douceur en présentant le thème du texte, c'est-à-dire la (ou les) notion(s) centrale(s) dont il sera question.

Le thème, au contraire de la thèse, n'est pas une affirmation. Il serait très maladroit d'écrire : « Le thème du texte est que la liberté politique réside dans le silence de la loi. » Le thème du texte pourrait être plutôt « La liberté politique et son rapport à la loi ».

On peut souvent dégager au moins deux notions centrales du texte et vous pouvez alors présenter le thème comme le rapport entre ces deux notions. C'est préférable à un thème qui se réduirait à une seule grande notion philosophique comme la liberté ou les lois. (Une explication qui commencerait par « Le thème de ce texte est la liberté » prendrait un assez mauvais départ.)

2 Problème

Vous devez présenter la thèse du texte comme une solution à un problème, et dans l'introduction il me semble plus élégant de **commencer par exposer ce problème avant d'avancer la thèse :** après tout, il semble logique que la question soit formulée avant la réponse.

Pour exposer le problème de façon à montrer son intérêt, vous pouvez l'exprimer **sous forme de question** puis proposer une première réponse argumentée qui s'opposera à la thèse. (C'est en quelque sorte l'équivalent de la réponse du sens commun dans la recette de l'introduction de dissertation.)

EXEMPLE

Par exemple, **pour un texte dont la thèse serait que l'insatisfaction de nos désirs nous condamne au malheur,** vous pourriez :
- tout d'abord exposer le thème par la question : « Quel est le rapport du désir au bonheur ? » ;
- puis enchaîner par une deuxième question qui spécifie le problème particulier qui sera au cœur du texte : « Est-ce seulement la satisfaction de nos désirs qui pourra nous rendre heureux ? » ;

• et défendre une réponse du sens commun qui sera opposée à la thèse du texte : « À première vue, il semble que nous puissions répondre oui, car *[justification de la réponse du sens commun]*. »

3 Thèse

Vous pouvez maintenant formuler la thèse en opposition à la réponse du sens commun que vous aurez formulée.

EXEMPLE

Si nous reprenons notre exemple, vous pourriez dire : « Or, dans ce texte, l'auteur prend le contre-pied de cette idée en défendant au contraire que… »

Cette façon d'amener la thèse permet de montrer immédiatement en quoi celle-ci est intéressante : elle n'est pas évidente puisqu'elle s'oppose à une autre solution, et **tout l'objet du texte sera de montrer en quoi la thèse est bien meilleure, mieux justifiée.**

Apportez un soin particulier à la formulation de la thèse dans l'introduction : **identifier correctement la thèse est l'une des exigences les plus importantes de l'explication de texte** et votre correcteur y sera particulièrement attentif. Si la thèse du texte paraît mal comprise dans l'introduction, il lui semblera que la copie part dans une mauvaise direction…

4 Enjeu et limites

Après avoir exposé la thèse, vous pouvez esquisser son enjeu, c'est-à-dire **en quoi cette thèse est importante.** Vous pouvez aussi esquisser ses limites, c'est-à-**dire en quoi cette thèse reste critiquable.** Si vous choisissez ainsi de critiquer la thèse, soyez particulièrement prudent(e) et modeste : utilisez des formulations telles que « il semble » pour souligner que vous n'affirmez pas péremptoirement dès l'introduction que la thèse est erronée.

Il vous sera plus facile de rédiger ces points après avoir construit votre développement : il vaut mieux annoncer l'enjeu et/ou des limites dont vous allez réellement discuter au cours de votre copie.

5 Plan

Le dernier moment de votre introduction doit présenter la structure du texte telle que vous la découperez dans les (si possible trois) parties de développement : ainsi, le plan que vous établissez du texte correspond aussi au plan de votre développement.

Évitez de spécifier ce découpage en faisant référence aux lignes, aux phrases, ou à des extraits précis.

EXEMPLE

Par exemple, il est maladroit d'écrire : « Pour étudier ce texte, nous le découperons en trois parties : la première de la ligne 1 à la ligne 5 ; la deuxième partie, de "Car si nous prenons" à "exécuter ces lois" », etc.

Tâchez plutôt de **présenter ce découpage d'un point de vue argumentatif,** c'est-à-dire en résumant les grandes lignes de l'argumentation.

EXEMPLE

Par exemple : « Dans une première partie, l'auteur donne tel argument ; dans une seconde partie, il répond à telle et telle objection ; dans une troisième partie, il s'appuie sur ce qui précède pour conclure ceci. » Si ce découpage reflète bien l'argumentation du texte, il devrait être suffisamment clair pour que l'on comprenne à quelle section du texte chaque partie fait référence.

3 Quelle doit être la longueur de l'introduction ?

Soyez concis(e) et précis(e) : **l'introduction doit être nettement plus courte que chaque partie de développement.** Environ une page est une longueur raisonnable.

N'hésitez pas à la découper en plusieurs paragraphes pour en faciliter la lecture. Il sera souvent préférable par exemple de faire la présentation du plan dans un paragraphe à part.

4 Et celle de la conclusion ?

La conclusion peut être très courte : une dizaine de lignes est largement suffisant. De la même façon que pour la dissertation, il ne faut pas en conclusion ajouter quoi que ce soit de nouveau par rapport au développement.

Si vous aviez quelque chose d'intéressant à dire sur le texte, il fallait le dire plus tôt !

Rappelez la thèse du texte, les principales étapes de l'argumentation et les points de votre développement qui vous ont semblé les plus intéressants et les plus éclairants sur le texte. (Tant qu'à laisser votre correcteur sur une dernière impression, autant que ce soit sur les points qui vous ont semblé les meilleurs.)

Ne vous cassez pas excessivement la tête sur ce paragraphe final : que votre explication soit bonne ou mauvaise, une conclusion bien ou mal faite n'y changera pas grand-chose. L'essentiel se joue dans le développement.

La conclusion de Monsieur Phi

- Pour l'introduction de l'explication de texte, présentez successivement :
  - **le thème ;**
  - **le problème ;**
  - **la thèse ;**
  - **l'enjeu et/ou les limites ;**
  - **le plan du texte.**
- **Prêtez un soin tout particulier à la formulation de la thèse.**
- **Pour la conclusion, faites court et n'ajoutez rien par rapport au développement :** rappelez la thèse, les étapes de l'argumentation, et les points de votre explication qui vous ont semblé les plus intéressants.

S'entraîner pour le bac

En vous appuyant sur les corrigés des exercices des trois chapitres précédents, rédigez une introduction pour l'explication du texte de Hobbes présenté au chapitre 4 (voir p. 148).

Corrigé

1 Thème. Les deux notions centrales du texte sont la **liberté** (envisagée dans un sens politique) et **les lois ou l'État.** Nous pouvons donc commencer en soulignant que le texte interroge le rapport entre ces deux notions.

> Ce texte interroge le rapport entre la liberté politique et la contrainte de la loi.

2 Problème. Je vais formuler le problème sous la forme d'une question puis envisager une réponse opposée à la thèse de Hobbes. J'ai choisi pour cela l'une des positions que Hobbes va rejeter dans le texte : **l'idée que la liberté réside dans le fait de se soustraire entièrement aux lois.**

> Dans quelles conditions peut-on dire qu'une personne est libre vis-à-vis d'un État qui impose ses lois ? On pourrait soutenir de façon radicale que toute loi est une interdiction qui contraint et restreint la liberté des individus et que, dans cette mesure, ce serait seulement en étant entièrement soustrait aux lois que l'on serait réellement libre : la liberté résiderait dans l'absence de loi.

3 Thèse. C'est le moment d'introduire la thèse de Hobbes. Je le fais en m'appuyant sur une **expression du texte que je cite** (sans oublier les guillemets) et que **je reformule et explique** aussitôt de façon à formuler moi-même la thèse.

> Mais Hobbes, dans ce texte, soutient un point de vue plus subtil : la liberté résiderait seulement dans ce que « les lois ont [passé] sous silence », et non dans l'absence totale de loi ; autrement dit, l'État doit bien jouer un rôle protecteur et réglementer les actions des individus, mais il y a des sphères d'activité dont la loi ne dit rien, et ce serait seulement dans ce silence de la loi que les individus disposeraient de leur liberté.

4 Enjeu et limites. J'esquisse rapidement un enjeu de la thèse : **ses conséquences sur une conception minimale et libérale du rôle de l'État.**

> Si l'on adopte cette idée, alors il semblera que défendre la liberté revienne à défendre la plus grande réduction des interventions de l'État : on reconnaît là une conception libérale selon laquelle l'État ne doit pas s'immiscer dans la vie et les relations des individus et doit s'en tenir au rôle minimal de garantir la sécurité.

Soyons gourmands : **esquissons aussi quelques réserves critiques qui seront développées dans l'explication**. (L'introduction sera ainsi un peu longue, mais cela reste raisonnable par rapport aux parties du développement qui suivra.)

> On pourrait alors se demander si cette conception de la liberté n'en manque pas certains aspects importants, comme la participation démocratique à l'exercice du pouvoir. Et l'on pourrait aussi se demander si elle n'a pas le défaut de négliger d'autres formes possibles de limitation de la liberté pour les individus : suffit-il qu'une activité ne soit pas légalement interdite pour que l'on soit réellement libre de s'y adonner ?

5 Plan. Pour finir, **je présente la structure de l'argumentation du texte**, de la façon la plus concise et précise possible.

> Dans un premier temps de ce texte, Hobbes introduit l'idée d'un silence de la loi dans lequel l'activité des individus serait libre ; dans un second temps, il examine deux autres définitions possibles de la liberté politique qu'il rejette successivement comme absurdes ; enfin, dans un troisième temps, il conclut que sa définition est bien la seule pertinente : la liberté réside seulement dans ce que la loi passe sous silence, et il donne une série d'exemples d'activités qui relèvent de cette liberté.

8

S'ORGANISER ET RÉDIGER

1 Dissertation, explication, même combat !

La plupart des conseils prodigués dans le dernier chapitre consacré à la dissertation (voir p. 100) peuvent l'être à nouveau ici pour l'organisation et la rédaction de l'explication de texte, et le plus simple serait encore de relire ce chapitre. En particulier :

1 Apprenez à connaître vos capacités (notamment la vitesse à laquelle vous rédigez) pour trouver l'organisation la plus judicieuse des quatre heures que dure l'épreuve.

2 Travaillez l'introduction entièrement au brouillon.

3 Écrivez l'introduction après avoir composé le plan détaillé du développement, ou même après avoir rédigé entièrement au propre le développement (en laissant une page et demie de libre au début de la copie).

Voici en outre quelques conseils spécifiques à l'épreuve de l'explication de texte.

2 Faut-il citer le texte ?

Le développement doit citer le texte, abondamment, mais pas n'importe comment.

Si vous glissez au milieu d'une de vos phrases un passage du texte sans les guillemets (ou même quelques mots seulement), vous aurez de fait plagié le texte que vous expliquez. Ce n'est pas très malin. La règle est simple : **toute citation, si brève qu'elle soit, est à placer entre guillemets.** Veillez-y.

Présenter une longue citation brute (ou même toute une partie du texte) pour ensuite l'expliquer dans les grandes lignes n'est pas une bonne idée. Il vaut mieux citer des passages courts, que vous expliquerez en détail.

3 Faites toujours suivre une citation d'une reformulation

Évitez aussi les formules vagues telles que : « L'auteur dit que *"[citation du texte]"*. » C'est décrire le texte, et non l'expliquer. **Essayez plutôt d'intégrer des morceaux du texte dans des phrases de votre cru** qui précisent le contexte du passage cité (quel rôle joue-t-il dans l'argumentation ?) et que vous ferez suivre par une explicitation.

En somme, écrivez plutôt quelque chose comme : « L'auteur argumente ce point en affirmant que *"[citation du texte]"*, ou pour le dire autrement *[explicitation de la citation]*. »

4 Tu n'invoqueras pas en vain le titre de l'ouvrage

Beaucoup d'explications de texte commencent par une phrase du type : « Le texte à expliquer est un texte de *[nom d'auteur]* tiré de *[titre de l'œuvre]*, publié en *[date de publication]*. » Sachant que ces informations sont précisément les trois qui vous sont toujours données, une phrase de ce type n'est pas le moins du monde instructive. Si vous ne développez ensuite aucun de ces trois points, cela s'apparentera à du pur remplissage.

Et n'essayez surtout pas de deviner le contenu de l'œuvre
à partir de son titre et d'y voir un lien avec le contenu du texte !
Cela ne marche presque jamais.

De façon générale, **il est inutile d'informer votre correcteur du fait que le texte est tiré de telle œuvre écrite à telle date,** à moins que vous n'ayez vraiment un point particulier à développer en rapport à cette œuvre ou cette époque.

Et il se peut tout à fait que vous n'ayez rien à dire sur ces points, parce que l'auteur et l'œuvre vous sont inconnus et que vous ne voyez aucun lien particulier à développer entre le texte et son époque : cela n'empêche pas forcément de faire une excellente explication.

5 Comment rédiger une partie ?

Suivez l'ordre du texte autant que possible. Pour cela, alternez entre des moments d'explication pure où vous présentez et clarifiez le propos du texte (citez-le, puis reformulez et complétez de façon à le rendre aussi clair et précis que possible), et des moments où vous développez davantage le problème, l'enjeu ou les critiques.

Faites attention à ne jamais vous éloigner trop longtemps du texte : si l'on ne voit plus de guillemets dans votre développement pendant une page entière, c'est sans doute que vous vous êtes un peu perdu(e). Revenez bien vite au texte !

6 Soyez prudent(e) et modeste

N'hésitez pas à user de formulations de prudence et de modestie, telles que « il semble que », « il apparaît que », ou les tournures au conditionnel (« serait » plutôt que « est »), particulièrement quand vous développez les points critiques.

Cela vaut pour la dissertation aussi mais c'est particulièrement important dans une explication car il est toujours difficile d'être sûr(e) de ce que vous avancez vis-à-vis d'un texte : évitez de paraître péremptoire ou trop sûr(e) de vous, d'autant plus qu'il y a de fortes chances pour que ce que vous affirmez au sujet de l'auteur soit en fait très discutable.

La conclusion de Monsieur Phi

- La plupart des conseils d'organisation et de rédaction valent aussi bien pour la dissertation que pour l'explication.
- Citez abondamment le texte, toujours entre guillemets, et en privilégiant des citations courtes que vous reformulez et expliquez soigneusement.
- Ne recopiez pas inutilement les informations sur le nom de l'auteur, le titre de l'œuvre et l'année de publication.
- Alternez des moments où vous présentez et clarifiez le propos de l'auteur et des moments où vous développez problème, enjeu et critiques. Mais ne vous éloignez jamais trop du texte.
- Usez copieusement de marqueurs de prudence et de modestie.

Sujet du bac corrigé

Pour conclure cette partie sur l'exercice de l'explication de texte, voici un corrigé d'explication entièrement rédigé traitant le texte de Hobbes analysé dans les exercices des chapitres 4 à 7.

En dehors de ce qui relève strictement de la compréhension du texte et du problème, c'est-à-dire pour tout ce qui concerne la discussion de l'enjeu et des limites, il est possible de produire de très bonnes copies qui suivront des orientations très différentes.

Considérez cette explication de texte comme un exemple dont vous pouvez vous inspirer, et non comme un corrigé qu'il faudrait suivre à la lettre.

Pour plus de clarté, j'indiquerai entre crochets des titres pour les différentes parties ; mais notez bien que vous ne devez pas en faire autant dans votre copie : les titres et la numérotation des parties indiqués ci-après en bleu ne doivent pas apparaître dans une explication de texte.

Sujet du bac

Thomas Hobbes, *Léviathan*, 1651

Étant donné [...] qu'il n'existe pas au monde de République où l'on ait établi suffisamment de règles pour présider à toutes les actions et paroles des hommes (car cela serait impossible), il s'ensuit nécessairement que, dans tous les domaines d'activité que les lois ont passés sous silence, les gens ont la liberté de faire ce que leur propre raison leur indique comme étant le plus profitable. Car si nous prenons la liberté au sens propre de liberté corporelle, c'est-à-dire le fait de ne pas être enchaîné, ni emprisonné, il serait tout à fait absurde, de la part des hommes, de crier comme ils le font pour obtenir cette liberté dont ils jouissent si manifestement. D'autre part, si nous entendons par liberté le fait d'être soustrait aux lois, il n'est pas moins absurde de la part des hommes de réclamer comme ils le font cette liberté qui permettrait à tous les autres hommes de se rendre maîtres de leurs vies. Et cependant, aussi absurde que ce soit, c'est bien ce qu'ils réclament ; ne

> sachant pas que les lois sont sans pouvoir pour les protéger s'il n'est pas un glaive entre les mains d'un homme (ou de plusieurs), pour faire exécuter ces lois.
>
> La liberté des sujets ne réside par conséquent que dans les choses que le souverain, en réglementant les actions des hommes, a passées sous silence, par exemple la liberté d'acheter, de vendre, et de conclure d'autres contrats les uns avec les autres ; de choisir leur résidence, leur genre de nourriture, leur métier, d'éduquer leurs enfants comme ils le jugent convenable et ainsi de suite.
>
> Thomas Hobbes, *Léviathan*, 1651.

La connaissance de la doctrine de l'auteur n'est pas requise. Il faut et il suffit que l'explication rende compte, par la compréhension précise du texte, du problème dont il est question.

Proposition de corrigé

[Introduction]

[Thème] Ce texte interroge le rapport entre la liberté politique et la contrainte de la loi. [Problème] Dans quelles conditions peut-on dire qu'une personne est libre vis-à-vis d'un État qui impose ses lois ? On pourrait soutenir de façon radicale que toute loi est une interdiction qui contraint et restreint la liberté des individus et que, dans cette mesure, ce serait seulement en étant entièrement soustrait aux lois que l'on serait réellement libre : la liberté résiderait dans l'absence de loi. [Thèse] Mais Hobbes, dans ce texte, soutient un point de vue plus subtil : la liberté résiderait seulement dans ce que « les lois ont [passé] sous silence », et non dans l'absence totale de loi ; autrement dit, l'État doit bien jouer un rôle protecteur et réglementer les actions des individus, mais il y a des sphères d'activité dont la loi ne dit rien, et ce serait seulement dans ce silence de la loi que les individus disposeraient de leur liberté.

[Enjeu] Si l'on adopte cette idée, alors il semblera que défendre la liberté revienne à défendre la plus grande réduction des interventions de l'État : on reconnaît là une conception libérale selon laquelle l'État ne doit pas s'immiscer dans la vie et les relations des individus et doit s'en tenir au rôle minimal de garantir la sécurité. [Limite] On pourrait alors se demander si cette conception de la liberté n'en manque pas certains aspects importants, comme la participation démocratique à l'exercice du pouvoir. Et l'on pourrait aussi se demander si elle n'a pas le défaut de négliger d'autres formes possibles de limitation de la liberté pour les individus : suffit-il qu'une activité ne soit pas légalement interdite pour que l'on soit réellement libre de s'y adonner ?

[Plan] Dans un premier temps de ce texte [partie 1], Hobbes introduit l'idée d'un silence de la loi dans lequel l'activité des individus serait libre ; dans un second temps [partie 2], il examine deux autres définitions possibles de la liberté politique qu'il rejette successivement comme absurdes ; enfin, dans un troisième temps [partie 3], il conclut que sa définition est bien la seule pertinente : la liberté réside seulement dans ce que la loi passe sous silence, et il donne une série d'exemples d'activités qui relèvent de cette liberté.

[Première partie]

[Reformulation du propos de Hobbes sur le silence de la loi] Tout d'abord, Hobbes souligne que la loi ne saura jamais régir « toutes les actions et paroles des hommes », autrement dit qu'il y aura toujours des sphères de la vie des individus qui ne relèveront pas de ce qui est prescrit ou interdit par quelque loi que ce soit. Il est permis aux individus d'agir dans cette sphère selon ce qu'ils préfèrent pour la simple raison que la loi n'en dit rien : c'est une permission légale par défaut de législation. En s'inspirant de l'expression « [ce] que les lois ont [passé] sous silence » qui apparaît à deux reprises dans le texte, nous pourrions appeler cet aspect de la législation (ou plutôt de son absence) le silence de la loi.

[Discussion d'un point incertain : que signifie « République » dans ce passage ?] Avant d'aller plus loin, demandons-nous pourquoi, dans cette première phrase, Hobbes présente ce silence de la loi comme un fait qui concerne toute « République » : il n'est pas clair si, en utilisant ce terme particulier, Hobbes entend vraiment restreindre son propos aux régimes républicains (c'est-à-dire où le gouvernement est une affaire publique et non la prérogative privée du souverain). Peut-on considérer que son propos concerne n'importe quelle forme de régime ? [Reconstruction de l'argument justifiant la nécessité d'un silence de la loi] Pour justifier qu'aucune « République » ne saurait régler tous les aspects de la vie des individus, Hobbes souligne simplement que « cela serait impossible » et l'on peut supposer que l'argument sous-jacent (même s'il n'est pas explicitement formulé) serait celui-ci : les circonstances de la vie des individus sont innombrables, tandis que l'ensemble des lois sera toujours fini et limité, de sorte qu'il n'y aura jamais assez de lois pour couvrir toutes ces circonstances et que les lois passeront forcément sous silence certains aspects de la vie des individus. Cet argument, semble-t-il, peut concerner n'importe quel type de régime, pas seulement les régimes républicains.

[Clarification de l'argument liant liberté et silence de la loi] Le point principal de Hobbes dans ce premier moment du texte est de souligner que l'activité des individus dans ce qui relève du silence de la loi est libre (au sens politique du terme : il n'est pas question ici de libre arbitre ni de liberté métaphysique). En effet, si la loi ne prescrit rien à ce sujet, les individus ont alors « la liberté de faire ce que leur propre raison leur indique comme étant le plus profitable ». Puisque ce n'est pas la contrainte de la loi qui les force à agir, on peut supposer qu'ils se déterminent eux-mêmes à agir en fonction de ce qui leur apparaît comme étant leur intérêt, et c'est en cela que l'on peut considérer cette activité comme libre.

[Précision du rôle du passage dans l'argumentation globale du texte] Il faut bien noter que, pour l'instant, Hobbes ne formule pas encore sa thèse selon laquelle la liberté politique réside seulement dans le silence de la loi : il s'est contenté de montrer qu'elle y réside notamment, mais rien ne semble exclure que cette liberté puisse avoir d'autres aspects et puisse être envisagée sous d'autres angles. La suite du texte va clarifier ce point.

[Discussion d'un enjeu : conception libérale du rapport entre l'individu et l'État] On peut noter que, dans ce passage, les lois semblent envisagées comme essentiellement opposées à la liberté de l'individu : la loi est avant tout une contrainte, et l'individu est libre là où l'État n'interfère pas en imposant cette contrainte. La conséquence de cela serait que l'individu est d'autant plus libre que l'État interfère moins, qu'il y a moins de lois. Nous verrons plus loin toutefois que Hobbes n'est pas opposé à l'existence de toute loi ; il n'est pas anarchiste mais plutôt libéral dans sa conception du rapport entre la liberté individuelle et la contrainte de la loi : l'État doit exister et réglementer les actions humaines, mais s'en tenir à un rôle minimal de façon que le silence des lois laisse aux individus autant de libertés que possible, en particulier dans les sphères privée et économique.

[Discussion critique ; d'autres formes de contrainte que celle de la loi ?] On pourrait souligner une limite de l'argumentation de Hobbes : est-il vraiment suffisant qu'une activité ne soit pas régie par la loi pour que les individus soient libres de s'y adonner ? Cela semble supposer que la seule forme de contrainte ou plus généralement de contrôle et d'oppression que pourrait subir l'individu serait celle qu'exerce l'État : en l'absence de celui-ci pour régir une activité, l'individu serait forcément libre. Mais on pourrait évoquer d'autres formes possibles d'oppression ou de contrôle, par exemple les conventions sociales, la pression des pairs, le blâme public, etc. : il n'est pas interdit à un homme de se promener dans la rue en robe et talons aiguilles ; pour autant, serait-il tout à fait libre de le faire ? En bien des circonstances, il subira une forme de contrôle et d'oppression à travers le regard que porte autrui sur sa conduite.

[Synthèse du propos de Hobbes et de la discussion critique] En somme, Hobbes défend que les individus sont libres d'agir comme bon leur semble dans les sphères d'activité où la loi n'interdit ni ne prescrit rien, mais on pourrait objecter que la seule absence d'interdiction légale d'un comportement ne semble pas forcément garantir une permission sociale pleine et entière.

[Deuxième partie]

[Transition et présentation générale de la deuxième partie] Après avoir introduit cette notion de liberté logée dans le silence de la loi, Hobbes examine deux autres définitions alternatives de *liberté*, mais les rejettera l'une et l'autre comme absurdes.

[Définition de la liberté corporelle] En premier lieu, Hobbes se penche sur la définition de la liberté comme « liberté corporelle, c'est-à-dire le fait de ne pas être enchaîné, ni emprisonné » ; autrement dit, à moins d'être presque entièrement restreint dans les mouvements de son corps comme un prisonnier dans sa cellule, chacun serait libre selon cette définition corporelle de la liberté.

[Reformulation de l'argument justifiant que cette définition est absurde] C'est une définition minimale et donc excessivement inclusive de la liberté, comme le souligne immédiatement Hobbes, jugeant qu'« il serait tout à fait absurde, de la part des hommes, de crier comme ils le font pour obtenir cette liberté dont ils jouissent si manifestement ». Or il semble bien que la question de la liberté ne se réduise pas à la question de savoir si l'on est ou non en prison : il y a un sens à réclamer plus de liberté même lorsqu'on n'est pas retenu entre quatre murs ! Ce n'est donc pas en ce sens strictement corporel que l'on réclame cette liberté, et cette définition, trop inclusive, doit être écartée comme insatisfaisante.

[Définition de la liberté comme soustraction aux lois] Hobbes envisage ensuite la liberté comme « le fait d'être soustrait aux lois » : autrement dit, être libre ce serait n'être soumis à aucune obligation légale. La définition ici est au contraire très exclusive : dès lors que l'on subit l'autorité d'un État, nul n'est plus libre. La seule véritable liberté serait celle de l'état de nature.

[Problème de la vulnérabilité en l'absence d'un État protecteur] Mais selon Hobbes, cet état de nature est un état de guerre de tous contre tous où nul n'est à l'abri de la violence d'autrui. Voilà pourquoi il souligne immédiatement qu'il serait absurde pour les individus de souhaiter « cette liberté qui permettrait à tous les autres hommes de se rendre maîtres de leurs vies » ; autrement dit, si la liberté résidait vraiment dans la soustraction aux lois, c'est-à-dire dans l'état de nature, souhaiter la liberté reviendrait à souhaiter un état d'extrême vulnérabilité et de menace permanente ; or, il ne semble pas que ce soit cela que nous réclamions lorsque nous réclamons plus de liberté : un tel état de vulnérabilité et de menace limiterait, de fait, notre capacité à jouir de cette liberté.

[Rejet de la définition de la liberté comme soustraction aux lois] Ainsi, si nous réclamons la liberté, nous devons la réclamer dans le cadre d'un État qui garantit un minimum de sécurité sans laquelle cette liberté ne nous profiterait guère. La définition de la liberté comme le fait d'être « soustrait aux lois » ne serait donc pas plus satisfaisante que la précédente aux yeux de Hobbes.

[Un point critique sur la conception pessimiste de la nature humaine de Hobbes] On pourrait toutefois discuter de l'idée qu'en l'absence d'un « glaive entre les mains d'un homme [...] pour faire exécuter ses lois », c'est-à-dire en l'absence d'un État assurant la sécurité, nous tomberions inévitablement dans cet état de guerre de tous contre tous : cela s'appuie sur une conception de la nature humaine particulièrement pessimiste et qui n'est pas justifiée dans le cadre du texte.

[Rôle du passage dans l'argumentation globale du texte] Écarter ces deux notions de liberté corporelle et de liberté comme soustraction aux lois permet à Hobbes de justifier le point vers lequel le texte tend, à savoir que la seule notion pertinente pour parler de liberté politique est celle introduite au début du texte : la liberté résiderait seulement dans le silence de la loi.

[Discussion sur la stratégie argumentative du texte : un compromis entre deux extrêmes] On peut remarquer que les deux sens de *liberté* que Hobbes a examinés et rejetés représentent en quelque sorte deux extrêmes entre lesquels sa propre solution apparaît comme un intermédiaire. En effet, la conception de la liberté corporelle est si inclusive qu'elle permettrait à l'État de s'immiscer de façon autoritaire dans presque tous les aspects de la vie des individus sans que cela ne leur retire la moindre liberté ; tandis que la conception de la liberté comme soustraction aux lois est si exclusive qu'elle exigerait un retrait total de toute autorité de l'État pour être effective. La conception de la liberté défendue au début du texte semble alors se situer entre ces deux extrêmes comme un compromis raisonnable : elle repose sur ceci que la loi se retire de certaines sphères et notamment des affaires privées des individus, mais elle n'exige pas un retrait total qui renverrait les êtres humains à un redoutable état de nature.

[Troisième partie]

[Hobbes formule la thèse du texte] Dans un dernier temps du texte, Hobbes conclut que la liberté réside donc seulement « dans les choses que le souverain, en réglementant les actions des hommes, a passées sous silence » : ainsi reprend-il l'idée, exposée au début du texte, que les individus exercent leur liberté dans le silence de la loi, mais en ajoutant maintenant ceci que c'est le seul point où réside la liberté des individus : [Rôle du passage dans l'argumentation] c'est la thèse du texte qui est ici formulée et elle semble présentée comme une conséquence de tout ce qui précède. En effet, dans une première partie, Hobbes a montré qu'il y a des activités qui ne sont pas régies par des lois et qui sont, de ce fait, considérées comme libres, mais cela n'excluait pas qu'il y ait d'autres aspects de la liberté qui ne soient pas inclus dans cette conception ; mais il a, dans une deuxième partie, exclu deux autres définitions de la liberté dont les conséquences lui semblaient absurdes ; Hobbes en conclut que sa définition reste la seule pertinente. Cela semble donc supposer qu'en dehors de sa définition ainsi que des deux examinées et rejetées dans la deuxième partie du texte, aucune autre définition de la liberté n'est envisageable pour Hobbes.

[Discussion critique : d'autres aspects de la liberté politique ?] Ce point pourrait être discuté : n'y a-t-il pas des aspects de la liberté politique qui restent ignorés par Hobbes ? Nous avons tendance par exemple à associer la liberté à celle d'une participation à l'exercice du pouvoir, typiquement dans un cadre démocratique ; or, la conception de Hobbes ne permet de faire aucun lien entre exigence de liberté et exigence démocratique. Un régime dictatorial et un régime démocratique pourraient bien laisser aux individus le même degré de liberté au sens de Hobbes, c'est-à-dire que les mêmes sphères d'activité ne seraient pas régies par la loi de ces deux régimes : les individus seraient-ils pour autant aussi libres dans l'un que dans l'autre ? Il pourrait nous sembler que non, mais l'approche de Hobbes ne permet pas de le justifier et cela paraît constituer une limite de son propos.

[Retour au texte : les dernières lignes] Dans les dernières lignes du texte, Hobbes illustre son propos en énumérant un ensemble d'activités qui relève de cette liberté dans le silence de la loi : « liberté d'acheter, de vendre, et de conclure d'autres contrats les uns avec les autres », autrement dit des libertés relevant d'activités économiques ou commerciales, ou encore la liberté « de choisir leur résidence, leur genre de nourriture, leur métier, d'éduquer leurs enfants comme ils le jugent convenable », autrement dit des libertés relevant de la sphère privée.

[Discussion d'un enjeu : ce que ces exemples révèlent] Cette série d'exemples permet de mieux caractériser ce qu'implique la définition que Hobbes a donnée de la liberté dans ce texte : on constate que celle-ci ne s'exerce pas du tout dans des activités politiques, mais seulement dans des activités d'ordre économique ou relevant de la conduite privée, notamment dans des aspects triviaux comme le choix de nourriture. Cela renforce ce que nous avons déjà souligné quant à l'inspiration libérale du texte : le rôle de l'État pour garantir la liberté semble devoir se réduire à assurer la paix sociale favorisant l'exercice de ces diverses activités économiques et privées.

[Discussion critique : l'oubli de la liberté d'expression] On peut enfin remarquer que, parmi les exemples mentionnés par Hobbes, aucun ne relève de la liberté d'expression. Est-ce parce qu'elle ne serait pas incluse dans sa définition de la liberté ? Il semble au contraire qu'elle puisse l'être : pour que les individus disposent d'une liberté d'expression, il suffit bien en effet que la loi n'interdise ni ne prescrive d'exprimer et de publier telle ou telle opinion, autrement dit la liberté d'expression (ainsi que la liberté de la presse, etc.) est bien typiquement une liberté dont les individus disposent pourvu seulement que « la loi passe sous silence » cette sphère d'activité ; et c'en est une particulièrement importante d'un point de vue politique, bien davantage que de pouvoir choisir son « genre de nourriture ». Cette limitation des exemples aux seules activités économiques et privées semble ainsi d'autant plus surprenante, comme si Hobbes voulait exclure toute dimension politique de sa discussion sur la liberté.

[Conclusion]

[Rappel de la thèse et des principaux points de l'argumentation] Dans ce texte, Hobbes a défendu que la liberté politique ne réside pas dans le simple fait de ne pas être enfermé, ni dans le fait d'être totalement soustrait aux lois, mais dans le fait que, tout en étant soumis aux lois, celles-ci passent sous silence certaines sphères d'activité qui, n'étant pas contraintes légalement, sont laissées au libre exercice des individus. Et, selon Hobbes, la liberté ne résiderait en rien d'autre que cela : dans le silence de la loi. **[Rappel des points de discussion les plus intéressants]** Nous avons vu toutefois que cette définition de la liberté soulève plusieurs difficultés, notamment celle de savoir s'il suffit qu'une activité ne soit pas interdite par la loi pour que les individus soient réellement libres de s'y adonner : n'y a-t-il pas d'autres formes de contrôle et de contrainte sociales qui limitent la liberté des individus ? Et l'on pourrait aussi faire remarquer que l'approche de Hobbes semble déconnecter l'exigence de liberté de sa dimension politique, restreignant la liberté aux sphères économique et privée.

EXERCEZ-VOUS À L'EXPLICATION DE TEXTE

Le meilleur moyen de s'améliorer à l'exercice de l'explication reste de s'y confronter directement : lire un texte, analyser son argumentation, dégager la thèse, le problème, l'enjeu, construire un plan détaillé et rédiger l'introduction, ou même l'explication tout entière.

Comme pour l'exercice de la dissertation, se contenter de réviser vos cours ne suffit pas : il faut *pratiquer*.

J'ai réuni ici une sélection de sujets d'explication tombés au bac, couvrant une diversité de thèmes. La thèse est indiquée à la suite de chacun des textes, mais je vous encourage à faire l'effort de la dégager par vous-même si vous vous essayez à l'exercice.

Liberté et conscience (BAC 2019)

« Nous avons le libre arbitre, non pas quand nous percevons, mais quand nous agissons. Il ne dépend pas de mon arbitre de trouver le miel doux ou amer, mais il ne dépend pas non plus de mon arbitre qu'un théorème proposé m'apparaisse vrai ou faux ; la conscience n'a qu'à examiner ce qui lui apparaît. Lorsque nous décidons de quelque chose, nous avons toujours présentes à l'esprit ou bien une sensation ou une raison actuelles, ou tout au moins un souvenir actuel d'une sensation ou d'une raison passées ; bien qu'en ce dernier cas nous soyons souvent trompés par l'infidélité de la mémoire ou par l'insuffisance de l'attention. Mais la conscience de ce qui est présent ou de ce qui est passé ne dépend nullement de notre arbitre. Nous ne reconnaissons à la volonté que le pouvoir de commander à l'attention et à l'intérêt ; et ainsi, quoiqu'elle ne fasse pas le jugement en nous, elle peut toutefois y exercer une influence indirecte. Ainsi il arrive souvent que les hommes finissent par croire ce qu'ils voudraient être la vérité, ayant accoutumé leur esprit à considérer avec le plus d'attention les choses qu'ils aiment ; de cette façon ils arrivent à contenter non seulement leur volonté mais encore leur conscience. »

Gottfried Wilhelm Leibniz, *Remarques sur la partie générale des Principes de Descartes*, 1692.

THÈSE Nous ne sommes pas libres de ce qui apparaît à notre conscience mais seulement de l'attention que nous y portons.

Science et société (BAC 2018)

« Tous les phénomènes de la société sont des phénomènes de la nature humaine, produits par l'action des circonstances extérieures sur des masses d'êtres humains. Si donc les phénomènes de la pensée, du sentiment, de l'activité humaine, sont assujettis à des lois fixes, les phénomènes de la société doivent aussi être régis par des lois fixes, conséquences des précédentes. Nous ne pouvons espérer, il est vrai, que ces lois, lors même que nous les connaîtrions d'une manière aussi complète et avec autant de certitude que celles de l'astronomie, nous mettent jamais en état de prédire l'histoire de la société, comme celle des phénomènes célestes, pour des milliers d'années à venir. Mais la différence de certitude n'est pas dans les lois elles-mêmes, elle est dans les données auxquelles ces lois doivent être appliquées. En astronomie, les causes qui influent sur le résultat sont peu nombreuses ; elles changent peu, et toujours d'après des lois connues. Nous pouvons constater ce qu'elles sont maintenant, et par là déterminer ce qu'elles seront à une époque quelconque d'un lointain avenir. Les données, en astronomie, sont donc aussi certaines que les lois elles-mêmes. Au contraire, les circonstances qui influent sur la condition et la marche de la société sont innombrables, et changent perpétuellement ; et quoique tous ces changements aient des causes et, par conséquent des lois, la multitude des causes est telle qu'elle défie nos capacités limitées de calcul. Ajoutez que l'impossibilité d'appliquer des nombres précis à des faits de cette nature mettrait une limite infranchissable à la possibilité de les calculer à l'avance, lors même que les capacités de l'intelligence humaine seraient à la hauteur de la tâche. »

John Stuart Mill, *Système de logique déductive et inductive*, 1843.

THÈSE Même si les phénomènes sociaux suivent des lois fixes et déterministes, il reste impossible de les prédire avec certitude.

Travail et technique (BAC 2014)

« La différence décisive entre les outils et les machines trouve peut-être sa meilleure illustration dans la discussion apparemment sans fin sur le point de savoir si la machine doit "s'adapter" à la nature de l'homme. [...] Pareille discussion ne peut-être que stérile : si la condition humaine consiste en ce que l'homme est un être conditionné pour qui toute chose, donnée ou fabriquée, devient immédiatement condition de notre existence ultérieure, l'homme s'est "adapté" à un milieu de machines dès le moment où il les a inventées. Elles sont certainement devenues une condition de notre existence aussi inaliénable que les outils aux époques précédentes. L'intérêt de la discussion à notre point de vue tient donc plutôt au fait que cette question d'adaptation puisse même se poser. On ne s'était jamais demandé si l'homme était adapté ou avait besoin de s'adapter aux outils dont il se servait : autant vouloir l'adapter à ses mains. Le cas des machines est tout différent. Tandis que les outils d'artisanat, à toutes les phases du processus de l'œuvre, restent les serviteurs de la main, les machines exigent que le travailleur les serve et qu'il adapte le rythme naturel de son corps à leur mouvement mécanique. Cela ne veut pas dire que les hommes, en tant que tels, s'adaptent ou s'asservissent à leurs machines ; mais cela signifie bien que, pendant toute la durée du travail à la machine, le processus mécanique remplace le rythme du corps humain. L'outil le plus raffiné reste au service de la main qu'il ne peut ni guider ni remplacer. La machine la plus primitive guide le travail corporel et éventuellement le remplace tout à fait. »

Hannah Arendt, *Condition de l'homme moderne*, 1958.

THÈSE La machine se distingue de l'outil par ceci que l'outil sert le travail humain tandis que la machine tend à le remplacer.

Morale et devoir (BAC 2011)

« Nous disons bonnes les vertus d'un homme, non pas à cause des résultats qu'elles peuvent avoir pour lui, mais à cause des résultats qu'elles peuvent avoir pour nous et pour la société : dans l'éloge de la vertu on n'a jamais été bien "désintéressé", on n'a jamais été bien "altruiste" ! On aurait remarqué, sans cela, que les vertus (comme l'application, l'obéissance, la chasteté, la piété, la justice) sont généralement nuisibles à celui qui les possède, parce que ce sont des instincts qui règnent en lui trop violemment, trop avidement, et ne veulent à aucun prix se laisser contrebalancer raisonnablement par les autres. Quand on possède une vertu, une vraie vertu, une vertu complète (non une petite tendance à l'avoir), on est victime de cette vertu ! Et c'est précisément pourquoi le voisin en fait la louange ! On loue l'homme zélé bien que son zèle gâte sa vue, qu'il use la spontanéité et la fraîcheur de son esprit : on vante, on plaint le jeune homme qui s'est "tué à la tâche" parce qu'on pense : "Pour l'ensemble social, perdre la meilleure unité n'est encore qu'un petit sacrifice ! Il est fâcheux que ce sacrifice soit nécessaire ! Mais il serait bien plus fâcheux que l'individu pensât différemment, qu'il attachât plus d'importance à se conserver et à se développer qu'à travailler au service de tous !" On ne plaint donc pas ce jeune homme à cause de lui-même, mais parce que sa mort a fait perdre à la société un instrument soumis, sans égards pour lui-même, bref un "brave homme", comme on dit. »

Friedrich Nietzsche, *Le Gai Savoir*, 1882.

THÈSE On ne fait l'éloge de la vertu qu'égoïstement : parce qu'elle est utile à ceux qui ne la pratiquent pas.

Justice et loi (BAC 2010)

« Parce que les actes humains pour lesquels on établit des lois consistent en des cas singuliers et contingents, variables à l'infini, il a toujours été impossible d'instituer une règle légale qui ne serait jamais en défaut. Mais les législateurs, attentifs à ce qui se produit le plus souvent, ont établi des lois en ce sens. Cependant, en certains cas, les observer va contre l'égalité de la justice, et contre le bien commun, visés par la loi. Ainsi, la loi statue que les dépôts doivent être rendus, parce que cela est juste dans la plupart des cas. Il arrive pourtant parfois que ce soit dangereux, par exemple si un fou a mis une épée en dépôt et la réclame pendant une crise, ou encore si quelqu'un réclame une somme qui lui permettra de combattre sa patrie. En ces cas et d'autres semblables, le mal serait de suivre la loi établie ; le bien est, en négligeant la lettre de la loi, d'obéir aux exigences de la justice et du bien public. C'est à cela que sert l'équité. Aussi est-il clair que l'équité est une vertu.

L'équité ne se détourne pas purement et simplement de ce qui est juste, mais de la justice déterminée par la loi. Et même, quand il le faut, elle ne s'oppose pas à la sévérité qui est fidèle à l'exigence de la loi ; ce qui est condamnable, c'est de suivre la loi à la lettre quand il ne le faut pas. Aussi est-il dit dans le Code* : "Il n'y a pas de doute qu'on pèche contre la loi si, en s'attachant à sa lettre, on contredit la volonté du législateur."

Il juge de la loi celui qui dit qu'elle est mal faite. Mais celui qui dit que dans tel cas il ne faut pas suivre la loi à la lettre, ne juge pas de la loi, mais d'un cas déterminé qui se présente. »

Thomas d'Aquin, *Somme théologique*, 1273.

* Il s'agit du Code publié par Justinien en 529 : il contient la plus grande somme connue de droit romain antique.

THÈSE La justice et le bien public exigent parfois de ne pas suivre la loi à la lettre afin d'en respecter véritablement l'esprit.

Nature et technique (BAC 2005)

« Si le cours naturel des choses était parfaitement bon et satisfaisant, toute action serait une ingérence inutile qui, ne pouvant améliorer les choses, ne pourrait que les rendre pires. Ou, si tant est qu'une action puisse être justifiée, ce serait uniquement quand elle obéit directement aux instincts, puisqu'on pourrait éventuellement considérer qu'ils font partie de l'ordre spontané de la nature ; mais tout ce qu'on ferait de façon préméditée et intentionnelle serait une violation de cet ordre parfait. Si l'artificiel ne vaut pas mieux que le naturel, à quoi servent les arts de la vie ? Bêcher, labourer, bâtir, porter des vêtements sont des infractions directes au commandement de suivre la nature.

[...] Tout le monde déclare approuver et admirer nombre de grandes victoires de l'art sur la nature : joindre par des ponts des rives que la nature avait séparées, assécher des marais naturels, creuser des puits, amener à la lumière du jour ce que la nature avait enfoui à des profondeurs immenses dans la terre, détourner sa foudre par des paratonnerres, ses inondations par des digues, son océan par des jetées. Mais louer ces exploits et d'autres similaires, c'est admettre qu'il faut soumettre les voies de la nature et non pas leur obéir ; c'est reconnaître que les puissances de la nature sont souvent en position d'ennemi face à l'homme, qui doit user de force et d'ingéniosité afin de lui arracher pour son propre usage le peu dont il est capable, et c'est avouer que l'homme mérite d'être applaudi quand ce peu qu'il obtient dépasse ce qu'on pouvait espérer de sa faiblesse physique comparée à ces forces gigantesques. Tout éloge de la civilisation, de l'art ou de l'invention revient à critiquer la nature, à admettre qu'elle comporte des imperfections, et que la tâche et le mérite de l'homme sont de chercher en permanence à les corriger ou les atténuer. »

John Stuart Mill, *La Nature*, 1875 (posthume).

THÈSE Ce qui est naturel n'est pas forcément bon : tous les efforts de la culture et de la civilisation reviennent à lutter contre l'ordre naturel des choses.

Raison et connaissance (BAC 2002)

« Tout ce qui est peut ne pas être. Il n'y a pas de fait dont la négation implique contradiction. L'inexistence d'un être, sans exception, est une idée aussi claire et aussi distincte que son existence. La proposition, qui affirme qu'il n'existe pas, même si elle est fausse, ne se conçoit et ne s'entend pas moins que celle qui affirme qu'il existe. Le cas est différent pour les sciences proprement dites. Toute proposition qui n'est pas vraie y est confuse et inintelligible. La racine cubique de 64 est égale à la moitié de 10, c'est une proposition fausse et l'on ne peut jamais la concevoir distinctement. Mais César n'a jamais existé, ou l'ange Gabriel, ou un être quelconque n'ont jamais existé, ce sont peut-être des propositions fausses, mais on peut pourtant les concevoir parfaitement et elles n'impliquent aucune contradiction.

On peut donc seulement prouver l'existence d'un être par des arguments tirés de sa cause ou de son effet ; et ces arguments se fondent entièrement sur l'expérience. Si nous raisonnons *a priori*, n'importe quoi peut paraître capable de produire n'importe quoi. La chute d'un galet peut, pour autant que nous le sachions, éteindre le soleil ; ou le désir d'un homme gouverner les planètes dans leurs orbites. C'est seulement l'expérience qui nous apprend la nature et les limites de la cause et de l'effet et nous rend capables d'inférer l'existence d'un objet de celle d'un autre. »

David Hume, *Enquête sur l'entendement humain*, 1748.

THÈSE La raison seule ne permet aucune connaissance factuelle : seule l'expérience permet de déterminer une relation de cause à effet ou l'existence d'un objet.

L'EXPLICATION DE TEXTE

Langage humain et animal (BAC 2000)

« Si les fourmis, par exemple, ont un langage, les signes qui composent ce langage doivent être en nombre bien déterminé, et chacun d'eux rester invariablement attaché, une fois l'espèce constituée, à un certain objet ou à une certaine opération. Le signe est adhérent à la chose signifiée. Au contraire, dans une société humaine, la fabrication et l'action sont de forme variable, et, de plus, chaque individu doit apprendre son rôle, n'y étant pas prédestiné par sa structure. Il faut donc un langage qui permette, à tout instant, de passer de ce qu'on sait à ce qu'on ignore. Il faut un langage dont les signes – qui ne peuvent pas être en nombre infini – soient extensibles à une infinité de choses. Cette tendance du signe à se transporter d'un objet à un autre est caractéristique du langage humain. On l'observe chez le petit enfant, du jour où il commence à parler. Tout de suite, et naturellement, il étend le sens des mots qu'il apprend, profitant du rapprochement le plus accidentel ou de la plus lointaine analogie pour détacher et transporter ailleurs le signe qu'on avait attaché devant lui à un objet. "N'importe quoi peut désigner n'importe quoi", tel est le principe latent du langage enfantin. On a eu tort de confondre cette tendance avec la faculté de généraliser. Les animaux eux-mêmes généralisent, et d'ailleurs un signe, fût-il instinctif, représente toujours, plus ou moins, un genre. Ce qui caractérise les signes du langage humain, ce n'est pas tant leur généralité que leur mobilité. Le signe instinctif est un signe *adhérent*, le signe intelligent est un signe *mobile*. »

Henri Bergson, *L'Évolution créatrice*, 1907.

THÈSE Ce qui caractérise le langage humain est le caractère mobile du signe qui peut s'attacher arbitrairement à n'importe quel signifié.

Achevé d'imprimer en Espagne par Macrolibros
Dépôt légal : juillet 2020 - Édition 01
14/9988/9